中等职业教育智能财会融合教材出版工程

总主编：徐 俊

会计基础
习题与实训

KUAIJI JICHU XITI YU SHIXUN

郑秋燕　詹朝阳◎主编

图书在版编目(CIP)数据

会计基础习题与实训 / 郑秋燕，詹朝阳主编.
上海：立信会计出版社，2024.8. -- ISBN 978-7-5429-7688-8

Ⅰ.F230-44
中国国家版本馆CIP数据核字第2024XS3380号

策划编辑	华春荣
责任编辑	王斯龙
助理编辑	郑文婧
美术编辑	北京任燕飞工作室

会计基础习题与实训
KUAIJI JICHU XITI YU SHIXUN

出版发行	立信会计出版社		
地　　址	上海市中山西路2230号	邮政编码	200235
电　　话	(021)64411389	传　真	(021)64411325
网　　址	www.lixinaph.com	电子邮箱	lixinaph2019@126.com
网上书店	http://lixin.jd.com		http://lxkjcbs.tmall.com
经　　销	各地新华书店		
印　　刷	浙江天地海印刷有限公司		
开　　本	787毫米×1092毫米	1/16	
印　　张	13.25		
字　　数	262千字		
版　　次	2024年8月第1版		
印　　次	2024年8月第1次		
书　　号	ISBN 978-7-5429-7688-8/F		
定　　价	40.00元		

如有印订差错，请与本社联系调换

随着数字经济的飞速发展，新技术层出不穷，新业态日新月异，新岗位和新规程不断涌现，为会计职业教育带来了前所未有的挑战与机遇。人工智能、大数据、云计算等新技术的广泛应用，不仅改变了企业的商业运行模式，也重塑了传统会计工作的组织和流程，逐步形成了基于数据驱动的财务全流程自动化和智能化管理服务模式。数字赋能，极大提高了会计信息质量，提高了会计工作效率，降低了会计管理成本。在这一时代背景下，中职会计事务专业也面临着转型升级的新要求。

为适应新时代中职会计人才培养的新变化，2021年，教育部发布了中职会计事务专业简介，提出了新的专业课程体系。但一直以来，相关专业教材的建设相对滞后。为此，我们组织了一批中职学校专业教师和企业会计实务专家，编写了这套中等职业教育智能财会融合教材出版工程系列教材，以满足学校全面推进专业转型和教学改革需要。本套教材力求体现以下特点：

一、系统规划统筹安排。本套教材依据新的中职会计事务专业简介和相关专业课程体系，基于新的课程标准，注意界定不同专业课程之间的内容边界，避免大量重复交叉。同时，总体采用项目化教材建设理念，创新人才培养模式和教学方法。

二、对接新岗位和新业态。本套教材从职业能力出发，适应公司独立财务核算、财务共享和财税代理服务不同管理服务模式要求，主动融入新技术、新方法、新规程，服务新型会计职业人才的培养。

三、体现业财融合和管理转型。本套教材将信息化工作环境下的业务处理流程融入会计核算过程，适应会计职能拓展要求，切实改变传统中职会计专业教材重会计核算、轻会计监督的问题倾向，将会计审核业务化、实操化。

四、建设立体化教材资源。本套教材基于教育信息化改革，同步推进教材在线服务平台、数字教学资源、标准化题库和数字仿真实训等资源的建设。

五、探索会计理论方法创新。本套教材从会计信息化管理手段出发，针对传统教材中基于手工操作的某些基本理论和基本方法，积极探索，试图在若干会计基础理论与方法上有所创新。

六、共建双师型教材编写团队。本套教材参编人员包括中职学校专业教师和企业会计实务专家，双师型教师占比超过80%。主编老师大多具有中职学校正高级讲师职称，并全程参与国家新一轮中职会计事务专业教学标准和专业简介课题研制，熟悉会计改革方向和学校人才培养要求。

实事求是地说，开创一种新型中职会计事务专业教材体系是一项艰巨而复杂的工程,缺乏可资借鉴的现成模式和经验成果。这套教材不可避免地会存在这样或那样的问题和不足。但时代的进步、社会的发展和企业对新型人才培养的需求,促使我们无法回避作为职业教育工作者的责任和使命。我们希望通过这套教材的推出,能够为中职会计事务专业的数字化转型升级探索一条可能路径,贡献我们的一份力量,为新型教材的建设打下一定基础。

徐 俊

前言

　　为方便会计基础课程的教学，顺应会计基础课程理实一体化教学、"做中教、做中学"、模块化教学等教学改革需要，我们编写了这本与《会计基础》教材相配套的《会计基础习题与实训》。

　　本书严格按照《会计基础》教材的内容和项目任务的顺序编写。各项目任务包括填空题、单项选择题、多项选择题、判断题、计算题和实训题等题型，配套任务工单，可满足多维度、多形式的训练和评价的需要。

　　本书采用新形态活页式装帧，当任课教师调整《会计基础》教材的教学次序设计时，可要求学生统一调整本书的内容顺序，以方便教师教学和学生学习。同时，也方便学生训练、小组互评、作业提交和作业收纳保存。

　　本书任务工单可灵活抽取使用，主要用于会计知识巩固、操作技能训练的评价、学生任务训练的总结，包含评价标准、学生自评、小组互评和任务总结，以利于学生参与学习评价，对照评价标准查找会计知识学习和会计技能训练中的不足之处，使评价和反思成为学习过程的一部分，不断地增强思维能力，提高动手操作水平。使用任务工单时，可由小组副组长进行"小组互评"评价，由小组组长进行评价复核。

　　本书由福建经济学校郑秋燕、詹朝阳担任主编。具体编写分工为：上海商业会计学校张晴怡编写项目一和项目六，郑秋燕编写项目二至项目五，詹朝阳编写项目七和项目十二，长沙财经学校涂红编写项目八和项目十一，四川省商贸学校胡晓燕编写项目九和项目十。

　　由于编者水平有限，书中可能会有疏漏或不妥之处，敬请广大读者批评指正。

　　本书中模拟企业及其人员的相关信息均经适当处理，如有雷同，纯属巧合。

编　者
2024 年 8 月

目录 CONTENTS

项目一　初识会计　001

任务一　认知会计 …………………………………………………… 001
任务二　认知会计工作组织及我国现行会计法规体系 …………… 003
任务三　认知会计基本假设、会计核算基础及会计信息质量要求 …… 004

项目二　理解会计对象与会计等式　008

任务一　理解经济业务与会计对象 ………………………………… 008
任务二　辨识会计要素 ……………………………………………… 010
任务三　推导会计等式 ……………………………………………… 014

项目三　设置会计科目和账户　019

任务一　设置会计科目 ……………………………………………… 019
任务二　设置账户 …………………………………………………… 022

项目四　复式记账　025

任务一　认知记账方法 ……………………………………………… 025
任务二　借贷记账法 ………………………………………………… 027

项目五　运用借贷记账法　033

任务一　资金筹集业务的核算 ……………………………………… 033

任务二　供应过程业务的核算 ·· 035
任务三　生产过程业务的核算 ·· 037
任务四　销售过程业务的核算 ·· 040
任务五　财务成果业务的核算 ·· 043

项目六　填制和审核会计凭证　　　　　　　　　　048

任务一　认知会计凭证 ·· 048
任务二　填制和审核原始凭证 ·· 049
任务三　填制和审核记账凭证 ·· 052

项目七　登记会计账簿　　　　　　　　　　056

任务一　认知会计账簿 ·· 056
任务二　启用、登记会计账簿 ·· 058
任务三　对账 ·· 062
任务四　更正错账 ··· 064
任务五　结账 ·· 066

项目八　成本计算　　　　　　　　　　068

任务一　计算材料采购成本 ·· 068
任务二　计算产品生产成本 ·· 069
任务三　计算产品销售成本 ·· 071

项目九　财产清查　　　　　　　　　　073

任务一　认知财产清查 ·· 073
任务二　运用财产清查的方法 ·· 075
任务三　财产清查结果处理 ·· 079

项目十　编制财务报表　　　　　　　　　　083

任务一　认知财务报表 ·· 083

| 任务二 | 编制资产负债表 | 084 |
| 任务三 | 编制利润表 | 089 |

项目十一　账务处理程序　　093

任务一	认知账务处理程序	093
任务二	记账凭证账务处理程序	094
任务三	科目汇总表账务处理程序	097
任务四	会计信息化环境下的账务处理流程	100

项目十二　保管会计档案　　102

| 任务一 | 整理和装订会计资料 | 102 |
| 任务二 | 管理会计档案 | 103 |

附录1　任务工单　　107

项目一任务一	认知会计	107
项目一任务二	认知会计工作组织及我国现行会计法规体系	109
项目一任务三	认知会计基本假设、会计核算基础及会计信息质量要求	111
项目二任务一	理解经济业务与会计对象	113
项目二任务二	辨识会计要素	115
项目二任务三	推导会计等式	119
项目三任务一	设置会计科目	121
项目三任务二	设置账户	123
项目四任务一	认知记账方法	125
项目四任务二	借贷记账法	127
项目五任务一	资金筹集业务的核算	131
项目五任务二	供应过程业务的核算	133
项目五任务三	生产过程业务的核算	135
项目五任务四	销售过程业务的核算	137
项目五任务五	财务成果业务的核算	139

项目六任务一　认知会计凭证	141
项目六任务二　填制和审核原始凭证	143
项目六任务三　填制和审核记账凭证	145
项目七任务一　认知会计账簿	151
项目七任务二　启用、登记会计账簿	153
项目七任务三　对账	161
项目七任务四　更正错账	163
项目七任务五　结账	165
项目八任务一　计算材料采购成本	167
项目八任务二　计算产品生产成本	169
项目八任务三　计算产品销售成本	171
项目九任务一　认知财产清查	173
项目九任务二　运用财产清查的方法	175
项目九任务三　财产清查结果处理	177
项目十任务一　认知财务报表	179
项目十任务二　编制资产负债表	181
项目十任务三　编制利润表	183
项目十一任务一　认知账务处理程序	185
项目十一任务二　记账凭证账务处理程序	187
项目十一任务三　科目汇总表账务处理程序	191
项目十一任务四　会计信息化环境下的账务处理流程	195
项目十二任务一　整理和装订会计资料	197
项目十二任务二　管理会计档案	199

附录2　东海公司2024年12月经济业务发生的时间顺序一览表　201

项目一 初识会计

任务一 认知会计

一、填空题

1. 会计的核算职能,也称会计_____职能,是指以_____为主要计量单位,对单位的_____进行_____、_____、_____和_____,为有关各方提供会计信息。
2. 会计监督是一个过程,分为_____监督、_____监督和_____监督。
3. 会计方法,包括_____方法、_____方法和_____方法。其中,_____方法是会计方法中最基本的方法。

二、单项选择题

1. 下列各项中,不属于会计核算方法的是( )。
   A. 复式记账   B. 成本分析   C. 登记账簿   D. 财产清查
2. 下列各项中,不属于会计发展阶段的是( )。
   A. 古代会计   B. 近代会计   C. 现代会计   D. 当代会计
3. 会计的基本职能是( )。
   A. 核算和评价 B. 反映和控制 C. 决策和分析 D. 预测和考核
4. 会计核算以( )为主要计量单位。
   A. 实物   B. 货币   C. 工时   D. 劳动耗费
5. 企业在一定时期内通过从事生产经营活动而在财务上取得的结果称为( )。
   A. 财务状况   B. 盈利能力   C. 偿债能力   D. 经营成果
6. 会计监督的依据是( )。
   A. 会计账簿
   B. 会计凭证
   C. 会计核算经济活动的过程及其结果提供的价值指标
   D. 会计核算经济活动所形成的经营成果
7. 会计是反映和监督一个单位经济活动的一种( )。
   A. 方法   B. 信息工具   C. 经济管理活动 D. 手段
8. 下列各项中,关于会计监督职能的表述不正确的是( )。
   A. 会计的监督职能是对特定对象经济业务的真实性、合法性、合理性进行审查
   B. 会计监督可以分为事前监督、事中监督和事后监督

C. 会计监督是会计核算的基础
D. 会计监督是会计核算的质量保障

三、多项选择题

1. 下列各项中,关于会计职能的表述正确的有(　　)。
   A. 会计核算是会计的基本职能　　　B. 会计监督是会计核算的质量保障
   C. 预测经济前景是会计的基本职能　　D. 评价经营业绩是会计的拓展职能
2. 下列各项中,属于企业会计目标的有(　　)。
   A. 进行会计核算,实施会计监督
   B. 进行财产物资的收发、增减和使用
   C. 反映企业管理层受托责任的履行情况
   D. 向财务报告使用者提供有用的会计信息
3. 会计核算和会计监督的过程中需要运用到的计量尺度有(　　)。
   A. 货币量度　　　B. 时间量度　　　C. 劳动量度　　　D. 实物量度
4. 下列各项中,属于会计职能的有(　　)。
   A. 预测经济前景　　　　　　B. 参与经济决策
   C. 评价经营业绩　　　　　　D. 实施会计监督
5. 下列各项中,属于会计基本特征的有(　　)。
   A. 会计是一种经济管理活动　　B. 会计是一个经济信息系统
   C. 会计以货币作为主要计量单位　D. 会计具有核算和监督的基本职能
6. 下列各项中,属于会计信息使用者的有(　　)。
   A. 投资者　　　　　　　　B. 单位管理者
   C. 债权人　　　　　　　　D. 政府及其相关部门
7. 会计的发展可以划分为(　　)。
   A. 古代会计　　　B. 近代会计　　　C. 当代会计　　　D. 现代会计
8. 下列各项中,属于会计核算方法的有(　　)。
   A. 设置会计科目和账户　　　B. 复式记账
   C. 对会计记录进行真实性审查　D. 财产清查

四、判断题

1. 核算是监督的延续和深化,而监督是核算的基础。（　　）
2. 会计核算方法包括设置会计科目和账户、复式记账、填制和审核会计凭证、登记账簿、成本计算、财产清查和编制财务会计报告等专门方法。（　　）
3. 会计核算所提供的各种信息是会计监督的依据。（　　）
4. 以货币为主要计量单位,通过确认、计量、记录、计算报告等环节,对特定主体的经济活动进行记账、算账、报账,为有关方面提供会计信息的功能是会计监督职能。（　　）
5. 企业贷款人、供应商等债权人通常关心企业的偿债能力和财务风险,他们需要借助

会计信息等相关信息来判断企业能否按约支付所欠货款、偿还贷款本金和支付利息等。（　　）
6. 现代意义的会计不再局限于记账、算账等基础工作，还需要参与企业的经营管理，进行经营决策。因此，会计人员也是管理工作者。（　　）
7. 投资者通常关心企业的盈利能力和发展能力，他们需要借助会计信息等相关信息来决定是否调整投资、更换管理层和加强企业的内部控制等。（　　）
8. 会计的职能是指会计在经济管理过程中所具有的功能。（　　）
9. 企业管理者是会计信息的重要使用者，他们需要借助会计信息等相关信息来管理企业，对企业进行控制、作出财务决策。（　　）
10. 政府及其有关部门作为经济管理和经济监管部门需要会计信息来监管企业的有关活动、制定税收政策、进行税收征管和国民经济统计等。（　　）
11. "计量单位"的"单位"与会计概念中"一个单位经济活动"的"单位"是两个不同的概念。（　　）

任务二　认知会计工作组织及我国现行会计法规体系

一、填空题

1. ＿＿＿＿＿＿＿是指各单位办理会计事务的职能部门；＿＿＿＿＿＿＿是指一个单位会计机构内部根据业务分工而设置的职能岗位。
2. 设置会计岗位应与本单位业务活动的规模、特点和管理要求相适应，可以＿＿＿＿＿＿、＿＿＿＿＿＿或＿＿＿＿＿＿。
3. 会计专业技术职务包括＿＿＿＿＿＿、＿＿＿＿＿＿和＿＿＿＿＿＿三个等级。

二、单项选择题

1. 会计人员从事会计工作应该遵守的道德标准，称为（　　）。
   A. 会计人员行为规范　　　　B. 会计人员职业道德规范
   C. 会计人员职业准则规范　　D. 会计人员行为准则
2. （　　）是我国会计法规体系的最高层次。
   A. 会计法律　　B. 会计法规　　C. 会计规章　　D. 会计准则
3. 根据《中华人民共和国会计法》的规定，管理全国会计工作的部门是（　　）。
   A. 全国人民代表大会　　　　B. 国务院
   C. 财政部　　　　　　　　　D. 中国注册会计师协会

三、多项选择题

1. 2023年发布的《会计人员职业道德规范》对会计人员提出的"三坚三守"要求具体有（　　）。

  A. 坚持诚信,守法奉公　　　　　　B. 坚守准则,守责敬业
  C. 坚持学习,守正创新　　　　　　D. 坚持锻炼,守护健康
2. 属于我国会计法律法规体系的组成部分有(　　　)。
  A. 会计法律　　B. 会计准则　　C. 会计法规　　D. 会计规章
3. 下列各项中,关于会计工作岗位设置表述正确的有(　　　)。
  A. 各单位应当根据会计业务需要设置会计工作岗位
  B. 会计人员的工作岗位应当有计划地进行轮换
  C. 会计工作岗位,可以一人一岗、一人多岗或者一岗多人
  D. 出纳不属于会计工作岗位

四、判断题

1. 企业的出纳人员除了可以登记现金、银行存款日记账,还可以兼任银行对账单核对、往来结算账目登记等工作。(　　)
2.《中华人民共和国会计法》是我国会计法规体系的最高层次,是制定其他会计法规的依据,也是指导会计工作的最高准则。(　　)
3. 从事会计岗位工作的会计从业人员无需具备会计专业技术资格。(　　)
4.《小企业会计准则》一般适用于在我国境内依法设立、经济规模较小的企业。(　　)

任务三　认知会计基本假设、会计核算基础及会计信息质量要求

一、填空题

1. 会计基本假设包括＿＿＿＿＿＿、＿＿＿＿＿＿、＿＿＿＿＿＿和＿＿＿＿＿＿。
2. 会计核算的基础主要有＿＿＿＿＿＿和＿＿＿＿＿＿两种。
3. 会计信息质量要求主要包括可靠性、相关性、＿＿＿＿、＿＿＿＿、＿＿＿＿、及时性、可理解性和＿＿＿＿。

二、单项选择题

1. (　　)界定了会计信息的时间段落,为分期结算账目和编制财务会计报告等奠定了理论与实务基础。
  A. 会计主体　　B. 会计分期　　C. 会计核算　　D. 持续经营
2. 企业对可能发生的各项资产损失计提资产减值或跌价准备,充分体现了(　　)的要求。
  A. 权责发生制　　B. 实质重于形式　　C. 谨慎性　　D. 可靠性
3. 企业应当按照(　　)原则确认当期费用。

A. 连续性　　　　B. 权责发生制　　C. 收付实现制　　D. 重要性
4. 下列各项中,要求企业提供的会计信息应当与财务会计报告使用者的经济决策需要相关的会计信息质量要求是(　　)。
A. 谨慎性　　　　B. 及时性　　　　C. 相关性　　　　D. 可理解性
5. 下列各项中,要求企业应当按照交易或者事项的经济实质进行会计确认、计量和报告的会计信息质量要求是(　　)。
A. 可比性　　　　B. 及时性　　　　C. 重要性　　　　D. 实质重于形式
6. 下列各项中,要求企业不高估资产或者收益、低估负债或者费用,合理核算可能发生的费用和损失的会计信息质量要求是(　　)。
A. 可比性　　　　B. 及时性　　　　C. 谨慎性　　　　D. 重要性
7. 下列各项中,关于变更会计核算方法表述正确的是(　　)。
A. 前后各期可以任意变更　　　　B. 前后各期应当一致,不得变更
C. 前后各期应当一致,不得随意变更　　D. 前后各期因为会计期间变化,应当变更
8. 将融资租入的固定资产视为自有固定资产,体现了会计信息质量的(　　)要求。
A. 实质重于形式　B. 谨慎性　　　　C. 重要性　　　　D. 可理解性
9. 某企业发出材料的计价方法前半年为先进先出法,后半年随意改为加权平均法,这种做法主要违背了会计信息质量的(　　)要求。
A. 谨慎性　　　　B. 可比性　　　　C. 相关性　　　　D. 重要性
10. 企业固定资产可以按照其价值和使用情况,确定采用某一方法计提折旧,这种做法所依据的会计核算前提是(　　)。
A. 会计主体　　　B. 持续经营　　　C. 会计分期　　　D. 货币计量
11. 一般来说,会计主体与法律主体是(　　)。
A. 有区别的　　　B. 相互一致的　　C. 不相关的　　　D. 相互可替代的
12. 在会计核算的基本前提中,界定会计工作和会计信息的空间范围的是(　　)。
A. 会计主体　　　B. 持续经营　　　C. 会计分期　　　D. 权责发生制

三、多项选择题

1. 按照权责发生制原则,下列各项应确认为本月费用的有(　　)。
A. 本月支付下半年的房屋租金
B. 本月预提的短期借款利息
C. 本月支付以前已预提的短期借款利息
D. 年初已支付,分摊计入本月的财产保险费
2. 下列各项中,对会计分期说法正确的有(　　)。
A. 会计分期是对会计主体活动的时间范围上的限定
B. 会计期间分为年度、半年度、季度和月度
C. 会计年度、半年度、季度、月度均按公历起讫日期确定
D. 会计分期是对会计主体活动的空间范围上的限定
3. 下列各项中,不属于L公司应该核算的内容的有(　　)。

A. L 公司向 G 公司购进材料
B. L 公司的投资者 M 公司向 T 公司销售产品
C. L 公司归还银行借款
D. L 公司的客户 W 公司取得银行贷款

4. 下列各项中,属于会计信息质量的可比性要求的有(　　　)。
    A. 同一企业不同时期可比　　　　B. 不同企业相同会计期间可比
    C. 不同企业会计人员配备可比　　D. 不同企业会计岗位设置可比
5. 下列各项中,关于会计信息质量的重要性要求表述正确的有(　　　)。
    A. 重要性的应用需要依赖职业判断
    B. 交易或事项是否重要仅取决于项目的性质
    C. 交易或者事项是否重要仅取决于金额的大小
    D. 交易或者事项是否重要既取决于项目的性质又取决于金额大小
6. 根据权责发生制原则,应计入本期收入和费用的有(　　　)。
    A. 本期销售商品一批,并已收款　　B. 本期向客户预收的购货款
    C. 尚未支付的本期水电费　　　　D. 预付明年的财产保险费
7. 下列各项中,属于企业在贯彻会计信息质量的可靠性要求时应该做到的有(　　　)。
    A. 财务会计报告中列示的会计信息应当是中立的
    B. 以实际发生的交易或者事项为依据进行确认、计量和报告
    C. 在符合重要性和成本效益原则的前提下,保证会计信息的完整性
    D. 财务会计报告中列示的会计信息应当与财务会计报告使用者的经济决策需要相关
8. 下列各项中,关于权责发生制的说法正确的有(　　　)。
    A. 以本期是否有收款的权利或付款的义务为标准来确认本期的收入和费用
    B. 当期已经发生的收入,如果款项没有收到,就不应当作为当期收入
    C. 不属于当期的收入,即使款项在当期收到,也不应当作为当期收入
    D. 不能将预收或预付的款项作为本期的收入或费用处理

四、判断题

1. 会计核算的可比性要求是指会计核算方法前后各期应当保持一致,不得随意变更。(　　　)
2. 会计主体所核算的生产经营活动也包括其他企业或投资者个人的其他生产经营活动。(　　　)
3. 根据谨慎性要求,凡是不属于当期的收入和费用,即使款项已在当期收付,也不应当作为当期的收入和费用。(　　　)
4. 《事业单位会计准则》要求事业单位采用权责发生制进行会计核算。(　　　)
5. 在权责发生制下,企业预收的货款不作为企业的收入核算。(　　　)
6. 根据谨慎性要求,资产计价从低,负债计价从高。(　　　)

7.《企业会计准则》规定企业会计核算应当以收付实现制为基础。　　　　（　　）
8. 由于会计主体权利和责任的划分,从而出现了权责发生制与收付实现制的区别。
　　　　　　　　　　　　　　　　　　　　　　　　　　　　　　　（　　）

五、实训题

【目的】运用权责发生制和收付实现制。

【资料】某企业 2023 年 12 月份发生如下经济业务：

(1) 销售产品收入 30 000 元,其中 20 000 元已收到存入银行,其余 10 000 元尚未收到。

(2) 收到上月为客户提供劳务的收入 8 000 元。

(3) 支付本月水电费 3 000 元。

(4) 预付明年房租 24 000 元。

(5) 支付上月借款利息 1 000 元。

(6) 预收 A 产品货款 60 000 元。

(7) 上月预收货款的 B 产品本月已发给客户,计 50 000 元。

(8) 分摊应由本月负担的房租费用 2 000 元。

【要求】根据上述业务,分别填写在权责发生制和收付实现制下应确认为 12 月份收入或费用的业务,见附表 1-1。

项目二　理解会计对象与会计等式

任务一　理解经济业务与会计对象

一、填空题

1. 经济业务,又称_____,通常是指_____
   _____。
2. 制造业企业再生产过程主要包括_____、_____、_____三
   个阶段。
3. 会计对象是会计_____和_____的内容,具体是指_____
   _____,即_____或_____。
4. 企业的资金运动主要包括_____、_____和_____三个
   基本环节。
5. 资金投入包括_____和_____。在资金投入
   环节,资金运动主要表现为_____形态。
6. 资金运用是指资金投入企业后,_____。以制造业
   企业为例,在供应阶段,货币资金转化为_____;在生产阶段,资金形态
   又从_____转化为_____,产品加工完毕生产出产成品,资金形
   态又从_____转化为_____;在销售阶段,将产品对外销售并收
   回货款,资金形态又从_____转化为_____。
7. 制造业企业的资金运动随着供应、生产、销售三个过程的进行,从货币资金开始依次转
   化为_____、_____、_____,最后又回到_____形
   态,这一转化过程称为_____。不断重复的这一转化过程称为_____
   _____。
8. 资金退出是指_____。

二、单项选择题

1. 会计对象是特定主体的(　　)。
   A. 资金运动　　　B. 经济活动　　　C. 经济资源　　　D. 劳动成果
2. 企业资金运动的环节不包括(　　)。
   A. 资金投入　　　B. 资金运用　　　C. 资金退出　　　D. 资金固化
3. 会计对象是社会再生产过程中的(　　)。

A. 全部经济活动　　　　　　　　　B. 商品运动
  C. 能以货币表现的经济活动　　　　D. 财产物资运动
4. 下列各项中,关于企业资金投入表述正确的是(　　)。
  A. 企业的资金投入是指企业所有者投入资金
  B. 企业的资金投入是指企业债权人投入资金
  C. 企业所有者投入的资金形成企业的所有者权益
  D. 企业债权人投入的资金形成企业的所有者权益
5. 下列各项中,关于制造业企业资金运用表述正确的是(　　)。
  A. 资金运用是指从货币资金开始转化为储备资金的过程
  B. 资金运用是指从货币资金开始依次转化为储备资金、生产资金的过程
  C. 资金运用是指资金投入企业后,在供应、生产和销售等环节不断循环与周转的过程
  D. 资金运用是指从货币资金开始依次转化为储备资金、生产资金、产品资金的过程

三、多项选择题

1. 会计对象是(　　)的内容。
  A. 会计核算　　B. 实物流转　　C. 会计监督　　D. 财务活动
2. 企业资金运动,包括(　　)阶段。
  A. 资金的投入　　　　　　　　　B. 资金的循环和周转
  C. 资金的储存　　　　　　　　　D. 资金的退出
3. 下列各项中,属于会计对象的有(　　)。
  A. 资金运动
  B. 社会再生产过程中的所有经济活动
  C. 价值运动
  D. 社会再生产过程中能以货币表现的经济活动
4. 下列各项中,属于资金退出的有(　　)。
  A. 购买材料　　B. 分配利润　　C. 银行借款　　D. 缴纳税金

四、判断题

1. 资金的退出是指资金离开本企业、退出资金的循环与周转,主要包括提取盈余公积、偿还各项债务,上交各项税金及向所有者分配利润等。　　　　　　　(　　)
2. 签订经济合同是一项经济活动,属于会计对象。　　　　　　　　　　(　　)
3. 企业会计的对象就是企业的资金运动。　　　　　　　　　　　　　(　　)

五、实训题

【目的】判断会计核算对象。

【资料】某企业 2024 年 6 月发生的部分经济活动,见附表 2-1。

【要求】判断发生的经济活动是否为会计对象,在相关栏目中打"√"号。

任务二　辨识会计要素

一、填空题

1. 会计要素是指根据_____对_____所作的基本分类,是_____的具体化。
2. 企业会计要素包括_____、_____、_____、_____、_____和_____。
3. 静态会计要素包括_____、_____、_____,是反映企业_____的会计要素。
4. 动态会计要素包括_____、_____、_____,是反映企业_____的会计要素。
5. 资产是指企业_____形成的,由企业_____的,预期会给企业带来_____的资源。
6. 资产按流动性进行分类,可以分为_____和_____。
7. 负债是指企业_____形成的,预期会导致_____流出企业的_____义务。
8. 负债按偿还期限的长短进行分类,可以分为_____和_____。
9. 所有者权益在数量上等于企业_____扣除_____后的净额。
10. 所有者权益的确认、计量,主要取决于_____、_____、_____、_____等会计要素的确认和计量。
11. 所有者权益的来源包括_____、_____、_____等。
12. 留存收益主要包括_____和_____。
13. 收入是指企业在_____中形成的、会导致所有者权益_____的、与所有者_____无关的经济利益的总流入。
14. 收入按业务的主次分为_____和_____。
15. 收入按性质不同,可分为_____、_____和_____。
16. 费用是指企业在_____中发生的、会导致所有者权益_____的、与_____无关的经济利益的总流出。
17. 费用按经济用途分类,可分为_____与_____。
18. 期间费用主要包括_____、_____、_____等。
19. 利润是指企业在_____的经营成果。
20. 利润包括_____减去_____后的净额、_____等。
21. 利得是指由企业_____所形成的、会导致_____的、与_____无关的经济利益的流入。

22. 损失是指由企业_____所发生的、会导致_____的、与_____无关的经济利益的流出。
23. 利润按照其构成,可分为_____、_____和_____。

二、单项选择题

1. 下列各项中,对资产流动性描述正确的是(   )。
   A. 库存现金的流动性强于固定资产　　B. 无形资产的流动性强于原材料
   C. 存货的流动性强于应收账款　　　　D. 固定资产的流动性强于银行存款
2. 下列各项中,应确认为资产的选项是(   )。
   A. 长期闲置且不再具有使用和转让价值的厂房
   B. 已超过保质期的食品
   C. 自然使用寿命已满但仍在使用的设备
   D. 已签订合同拟于下月购进的材料
3. 下列各项中,属于企业资产的是(   )。
   A. 应付账款　　　　　　　　　　　B. 融资租入的设备
   C. 预收账款　　　　　　　　　　　D. 即将购入的原材料
4. 企业在对会计要素进行计量时,一般应当采用(   )计量属性。
   A. 可变现净值　　B. 重置成本　　C. 公允价值　　D. 历史成本
5. 下列各项中,关于收入说法正确的是(   )。
   A. 收入是指企业在经济活动中形成的、会导致所有者权益增加的、与所有者投入资本无关的经济利益的总流入
   B. 收入不一定会导致所有者权益增加
   C. 收入包括主营业务收入、其他业务收入和营业外收入
   D. 收入按照性质不同,分为销售商品收入、提供劳务收入和让渡资产使用权收入
6. 下列各项中,反映企业经营成果的会计要素是(   )。
   A. 收入、费用和利润　　　　　　　B. 资产、负债和所有者权益
   C. 收入、资产和负债　　　　　　　D. 资产、负债和利润
7. 下列各项中,不属于资产要素基本特点的是(   )。
   A. 资产由企业过去的交易或事项形成
   B. 必须是有形资产
   C. 预期会给企业带来经济利益
   D. 由企业拥有或控制
8. 下列各项中,不属于反映企业财务状况的动态要素的是(   )。
   A. 资产　　　　B. 费用　　　　C. 所有者权益　　　D. 负债
9. 下列各项中,不属于反映企业经营成果的静态要素的是(   )。
   A. 利润　　　　B. 费用　　　　C. 收入　　　　　　D. 负债
10. 下列各项中,属于流动负债的是(   )。
    A. 短期借款　　B. 长期借款　　C. 预付账款　　　　D. 应付债券

11. 下列各项中,关于所有者权益说法不正确的是( )。
    A. 所有者权益是企业资产扣除负债后,由所有者享有的剩余权益
    B. 所有者权益的金额等于资产减去负债后的余额
    C. 所有者权益也称为净资产
    D. 所有者权益包括实收资本(或股本)、资本公积、盈余公积和留存收益等
12. 预付给供应商的货款,可视同为一种( )。
    A. 资产　　　　　　B. 负债　　　　　　C. 权益　　　　　　D. 费用

三、多项选择题

1. 下列各项中,属于收入的有( )。
    A. 商品销售收入　　　　　　B. 劳务收入
    C. 营业外收入　　　　　　　D. 出租固定资产所产生的租金收入
2. 权益是指企业外部利益主体对企业资产的要求权,包括( )。
    A. 债权人权益　　B. 政府权益　　C. 社会公众权益　　D. 所有者权益
3. 下列各项中,属于反映企业财务状况的静态要素的有( )。
    A. 资产　　　　B. 费用　　　　C. 所有者权益　　　　D. 负债
4. 下列各项中,属于反映企业经营成果的动态要素的有( )。
    A. 利润　　　　B. 费用　　　　C. 收入　　　　　　　D. 负债
5. 下列各项中,属于所有者投入资本的有( )。
    A. 企业拥有的固定资产　　　　B. 资本溢价
    C. 盈余公积　　　　　　　　　D. 实收资本
6. 利润金额的确定主要取决于( )金额的计量。
    A. 收入　　　　B. 费用　　　　C. 利得　　　　　　　D. 损失
7. 下列各项中,属于期间费用的有( )。
    A. 管理费用　　B. 财务费用　　C. 制造费用　　　　　D. 销售费用
8. 下列各项中,属于所有者权益直接来源的有( )。
    A. 所有者投入的资本　　　　　B. 不应计入当期损益的利得或者损失
    C. 留存收益　　　　　　　　　D. 收入
9. 下列各项中,属于会计计量属性的有( )。
    A. 历史成本　　B. 可变现净值　　C. 公允价值　　　　　D. 现值
10. 下列各项中,属于所有者权益的有( )。
    A. 资本公积　　B. 股本　　　　C. 未分配利润　　　　D. 盈余公积
11. 下列各项中,对负债的特点描述正确的有( )。
    A. 负债是由过去的交易或事项所引起的、企业所承担的义务
    B. 负债是企业承担的现时义务
    C. 负债是由过去的交易或事项所引起的、企业承担的潜在义务
    D. 清偿负债导致经济利益流出企业
12. 下列各项中,对费用的特点描述正确的有( )。

A. 费用是企业在日常活动中发生的
B. 费用是与向所有者分配利润无关的经济利益的总流出
C. 费用可同时表现为资产的减少和负债的增加
D. 费用将引起所有者权益的减少

13. 下列各项中,对资产的特征描述正确的有(　　)。
    A. 资产预期会给企业带来经济利益
    B. 资产是企业拥有或者控制的资源
    C. 资产是由预计发生的交易或者事项形成的
    D. 资产是由企业过去的交易或者事项形成的

14. 从会计意义上看,下列各项中,属于单位未来收取款项权利的有(　　)。
    A. 应收账款　　　B. 应收票据　　　C. 其他应收款　　　D. 预收账款

四、判断题

1. 费用是企业实际发生的各项开支和损失。（　　）
2. 企业预付的货款实质上也是企业的一项资产。（　　）
3. 只有企业拥有某项财产物资的所有权时才能将其确认为企业的资产。（　　）
4. 所有者权益简称为权益。（　　）
5. 净利润金额的计算方法是收入减去费用。（　　）
6. 留存收益是企业历年实现的净利润留存于企业的部分,主要包括累计计提的盈余公积和未分配利润。（　　）
7. 企业向投资者分配利润,也会导致经济利益的流出,可作为费用。（　　）
8. 资产是由企业过去的交易或者事项形成的。但未来交易或事项可能产生的结果,不属于现在的资产,也可作为资产来确认。（　　）
9. 资产的确认还应结合对经济利益流入的不确定性程度的判断。如果根据编制财务报表时所取得的证据,与资源有关的经济利益很可能流入企业,那么就应当将其作为资产予以确认;反之,不能确认为资产。（　　）
10. 企业向银行借入款项,导致了企业经济利益的流入,应将其确认为收入。（　　）
11. 利润是指企业在一定会计期间的经营成果。通常情况下,如果企业实现了利润,表明业绩得到了提升;反之,如果企业发生了亏损(即利润为负数),表明业绩下降。（　　）
12. 在历史成本计量下,资产按照其购置时支付的现金或者现金等价物的金额,或者按照购置资产时所付出的对价的公允价值计量。（　　）
13. 收入等于商品销售收入与提供劳务收入之和。（　　）
14. 利润包括收入减去费用后的净额、直接计入当期损益的利得和损失等。（　　）

五、实训题

实训一

【目的】练习资产、负债、所有者权益的分类。

【资料】某企业2024年12月31日部分资产、负债、所有者权益状况，见附表2-2。

【要求】根据附表2-2中的项目内容，判断其属于哪个会计要素，将其金额填写在附表2-2相应栏内，并在备注栏注明会计要素的详细项目名称。

实训二

【目的】练习收入、费用、利润的分类。

【资料】某企业2024年12月31日部分会计要素，见附表2-3。

【要求】根据附表2-3中的项目内容，判断其是否属于经营成果要素，将其金额填写在附表2-3相应栏内，并在备注栏注明会计要素的详细项目名称。

任务三　推导会计等式

一、填空题

1. 财务状况等式，是用来反映企业_____的会计等式。其表现形式有：一是_____，二是_____。

2. 企业资产的最初主要来源有两个渠道，一是_____，二是_____。投资者和债权人必然对企业资产享有一种要求权，这种要求权统称为_____，它又可以分为_____和_____。

3. 基本会计等式或静态等式是_____的理论基础，是编制_____的理论依据，也是编制_____的理论依据。

4. 经营成果等式或动态等式是用来反映企业_____的会计等式，它是企业编制_____的依据。

5. 企业经济业务类型包括_____、_____、_____和_____四种。

6. 企业经济业务的发生，会引起_____的增减变动，但无论发生怎样的变动，都不会破坏_____。

二、单项选择题

1. 某项经济业务的发生引起资产的减少，则可能引起(　　)。
   A. 负债增加　　　　　　　　　B. 所有者权益增加
   C. 收入增加　　　　　　　　　D. 费用增加

2. 下列各项中，会引起资产总额变动的经济业务是(　　)。
   A. 收回应收账款　　　　　　　B. 向职工发放工资
   C. 购买设备　　　　　　　　　D. 从银行提取现金

3. 下列各项中，会引起资产与负债同时增加的经济业务是(　　)。
   A. 从银行提取现金　　　　　　B. 用银行存款归还长期借款

C. 从银行取得短期借款　　　　　　D. 用银行存款偿还应付货款
4. 最基本的会计等式是(　　)。
   A. 收入－费用＝利润　　　　　　　B. 收入－成本＝利润
   C. 资产＝负债＋所有者权益　　　　D. 资产＋负债＝所有者权益
5. 某企业 6 月初的资产总额为 60 000 元,负债总额为 25 000 元。6 月取得收入共计 28 000 元,发生费用共计 18 000 元,则 6 月末该企业的所有者权益总额为(　　)元。
   A. 85 000　　　B. 35 000　　　C. 10 000　　　D. 45 000
6. 企业以银行存款支付应付账款,表现为(　　)。
   A. 一项资产增加,另一项资产的减少
   B. 一项资产减少,一项负债增加
   C. 一项资产减少,一项负债减少
   D. 一项负债减少,另一项负债增加
7. (　　)是指在经济活动中使会计要素发生增减变动的交易或者事项。
   A. 经济事项　　B. 经济业务　　C. 业务事项　　D. 会计对象
8. 某公司资产总额为 25 万元,所有者权益总额为 20 万元,以银行存款 4 万元支付现金股利,并以银行存款 2 万元购买设备(不考虑增值税)。则上述业务入账后该公司的负债总额为(　　)万元。
   A. 23　　　B. 1　　　C. 9　　　D. 3
9. 经济业务发生仅涉及某一会计要素的两个项目时,则必然引起该要素中的两个项目发生(　　)。
   A. 同增变动　　　　　　　　　　　B. 同减变动
   C. 一增一减变动　　　　　　　　　D. 不变动
10. 既是复式记账的理论基础,同时又是资产负债表的编制依据的是(　　)。
    A. 会计准则　　B. 会计科目　　C. 会计恒等式　　D. 会计主体
11. 所有者权益在数量上等于(　　)。
    A. 所有者的投资　　　　　　　　　B. 实收资本与未分配利润之和
    C. 实收资本与资本公积之和　　　　D. 全部资产减去全部负债后的净额
12. 将到期未偿还的 20 万元应付票据转为应付账款,这项经济业务使本企业(　　)。
    A. 资产和负债都增加　　　　　　　B. 权益和资产都增加
    C. 一项负债减少,另一项负债增加　　D. 负债减少,资产增加
13. 银行将长期借款 500 000 元转为对本公司的投资,这项经济业务使本公司(　　)。
    A. 负债减少,资产增加　　　　　　B. 负债减少,所有者权益增加
    C. 资产减少,所有者权益增加　　　D. 所有者权益内部一增一减
14. 某企业的资产为 1 000 万元,负债为 300 万元,则该企业的所有者权益为(　　)万元。
    A. 1 000　　　B. 300　　　C. 700　　　D. 1 300
15. 下列各项中,不是企业会计等式的是(　　)。

A. 资产－负债＝所有者权益　　　　B. 收入－费用＝利润
C. 资产－负债＝净资产+收入－支出　D. 资产＝负债+所有者权益+利润

16. 引起资产内部一个项目增加、另一个项目减少，而资产总额不变的经济业务是（　　）。
    A. 用银行存款偿还短期借款　　　B. 收到投资者投入的机器一台
    C. 收到外单位前欠的货款　　　　D. 支付银行手续费

17. 不属于资产内部一个项目增加、另一个项目减少的经济业务是（　　）。
    A. 用银行存款购买原材料　　　　B. 接受投资者投入的生产设备一套
    C. 将原材料用于产品生产　　　　D. 从银行提取现金

18. 下列各项中，会导致负债总额增加的经济业务是（　　）。
    A. 企业支付当月的职工薪酬　　　B. 企业缴纳税费
    C. 企业预收客户定金　　　　　　D. 企业偿还到期借款

19. 下列各项中，会导致权益总额减少的经济业务是（　　）。
    A. 盈余公积弥补以前年度亏损　　B. 企业减少注册资本
    C. 提取法定盈余公积　　　　　　D. 本年新增利润

20. 某企业月初资产总额为100万元，本月发生下列经济业务：
    （1）以银行存款购买原材料10万元。（2）向银行借款60万元，款项存入银行。
    （3）以银行存款归还前欠货款30万元。（4）收回应收账款20万元，款项已存入银行。则月末该企业资产总额为（　　）万元。
    A. 130　　　　B. 160　　　　C. 220　　　　D. 110

三、多项选择题

1. 会计等式揭示了会计要素之间的内在联系，是（　　）的理论基础。
   A. 设置账户　　　　　　　　　　B. 进行复式记账
   C. 编制会计报表　　　　　　　　D. 财产清查

2. 资产与权益的恒等关系是（　　）。
   A. 复式记账法的理论依据　　　　B. 总账与明细账平行登记的理论依据
   C. 财产清查的理论依据　　　　　D. 编制资产负债表的依据

3. 下列各项中，会使资产和权益总额同时增加的经济业务有（　　）。
   A. 用银行存款购入一台机器设备　B. 偿还购入材料的欠款
   C. 收到投资者投入的资金并存入银行　D. 购入一批商品，款项未付

4. 下列各项中，正确的经济业务类型有（　　）。
   A. 一项资产增加，一项所有者权益减少　B. 资产与负债同时增加
   C. 一项负债减少，一项所有者权益增加　D. 负债与所有者权益同时增加

5. 下列各项中，属于资产与负债同时增加的经济业务有（　　）。
   A. 购买材料2万元，货款暂欠（不考虑增值税）
   B. 向银行借入长期借款50万元存入银行
   C. 以存款3万元偿还前欠货款

D. 接受某单位作为投资投入的机器一台，价值10万元
6. 下列各项中，引起资产与负债同时减少的经济业务有（　　）。
　　A. 支付上月的职工工资　　　　　B. 上缴国家税金
　　C. 偿还所欠客户的材料款　　　　D. 归还到期的短期借款
7. 下列各项中，引起资产一增一减的经济业务有（　　）。
　　A. 用银行存款购买汽车　　　　　B. 从银行提取现金
　　C. 收到客户前欠货款　　　　　　D. 偿还银行借款

四、判断题

1. 当企业所有者权益增加，必然表现为企业资产的增加。　　　　　　（　　）
2. 无论发生什么经济业务，资产与所有者权益始终保持平衡关系。　　（　　）
3. "引起一项资产增加、一项所有者权益减少的经济业务"的说法是正确的。（　　）
4. "引起一项资产增加、一项负债减少的经济业务"的说法是错误的。（　　）
5. "引起一项资产减少、一项所有者权益增加的经济业务"的说法是正确的。（　　）
6. "引起一项资产减少、一项负债增加的经济业务"的说法是错误的。（　　）
7. "引起一项资产增加、同时另一项资产增加的经济业务"的说法是错误的。（　　）
8. "引起一项负债增加、同时另一项负债增加的经济业务"的说法是正确的。（　　）
9. "引起一项所有者权益增加、同时另一项所有者权益增加的经济业务"的说法是错误的。（　　）
10. "引起一项资产减少、同时另一项资产减少的经济业务"的说法是正确的。（　　）
11. "引起一项负债减少、同时另一项负债减少的经济业务"的说法是错误的。（　　）
12. "引起一项所有者权益减少、同时另一项所有者权益减少的经济业务"的说法是正确的。（　　）
13. "引起一项负债减少、同时另一项所有者权益减少的经济业务"的说法是正确的。（　　）
14. "引起一项负债增加、同时另一项所有者权益增加的经济业务"的说法是正确的。（　　）
15. "引起一项资产减少、同时另一项所有者权益减少的经济业务"的说法是正确的。（　　）
16. "引起一项负债增加、同时另一项所有者权益减少的经济业务"的说法是正确的。（　　）
17. "引起一项所有者权益增加、同时另一项所有者权益减少的经济业务"的说法是正确的。（　　）
18. "引起一项负债增加、同时另一项负债减少的经济业务"的说法是正确的。（　　）
19. 资产、负债与所有者权益的平衡关系等式，反映了企业资金运动处于相对静止状态下的平衡关系，如果考虑收入、费用等动态要素，则资产与权益的平衡关系必然被破坏。（　　）
20. 如果资产要素不变，则必然发生负债和所有者权益一增一减的情况。（　　）

五、实训题

【目的】判断经济业务类型及其对会计等式的影响。

【资料】某企业2024年12月发生相关经济业务如下：

(1) 2日，提取现金5 000元，备用。

(2) 4日，收回应收货款100 000元，款项存入银行。

(3) 5日，从银行借入短期借款120 000元，款项已到账。

(4) 6日，从某公司购进原材料一批，材料已验收入库，货款75 000元暂欠。

(5) 10日，收到某投资者投资款800 000元，款项已到账。

(6) 10日，用存款缴纳上月应交企业所得税20 000元。

(7) 20日，企业根据要求将资本公积300 000元转增资本金。

(8) 23日，企业将到期尚未偿还的应付票据50 000元转为应付账款。

(9) 25日，企业经研究决定向投资者分配利润380 000元，款项尚未支付。

(10) 26日，企业与债权人协商并经有关部门批准，将所欠的500 000元应付票据转为资本。

(11) 31日，企业因缩减规模，减少注册资本1 000 000元，已用银行存款支付给投资者。

【要求】判断上述经济业务属于哪种类型，并将业务的序号填入附表2-4中，并说明经济业务发生对会计等式产生的影响。

设置会计科目和账户

任务一 设置会计科目

一、填空题

1. 会计科目,简称_____,是对_____的具体内容进行_____的项目。
2. 会计科目按其反映的经济内容,可分为_____类科目、_____类科目、_____类科目、_____类科目、_____类科目。
3. 流动资产科目有_____、_____、_____、_____等。非流动资产科目有_____、_____等。
4. 流动负债科目有_____、_____、_____、_____等。非流动负债科目有_____等。
5. 所有者权益类科目包括_____、_____、_____、_____等。
6. 成本类科目按其内容和性质不同,可分为_____和_____。
7. 损益类科目按损益的内容不同,可分为_____和_____。
8. 总分类科目对其所辖的明细分类科目具有_____的作用,而明细分类科目是对其所归属的总分类科目的_____。两者反映的_____是一致的。
9. 会计科目设置原则有_____、_____、_____、_____等。
10. 会计科目按其提供信息的详细程度及其统驭关系分类,可分为_____和_____。

二、单项选择题

1. 下列会计科目中,属于负债类科目的是(   )。
   A. "预收账款"   B. "预付账款"   C. "财务费用"   D. "资本公积"
2. 下列各项中,对会计要素具体内容作总括分类的会计科目是(   )。
   A. 二级科目   B. 总分类科目

019

C. 明细分类科目　　　　　　　　　D. 核算科目

3. 设置的会计科目应根据组织形式、所处行业、经营内容、业务种类等自身特点,满足单位实际需要,这一管理要求符合(　　)原则。
   A. 实用性　　　B. 合法性　　　C. 谨慎性　　　D. 相关性

4. 会计科目的实质是(　　)。
   A. 反映企业资金运动　　　　　　B. 为设置账户奠定基础
   C. 记账的理论依据　　　　　　　D. 会计要素的进一步分类

5. 二级会计科目是否需要设置、如何设置,主要取决于(　　)的需要。
   A. 总分类科目　　　　　　　　　B. 企业效益
   C. 企业经营管理　　　　　　　　D. 领导意图

6. 下列各项中,属于企业损益类科目的是(　　)。
   A. "盈余公积"　B. "固定资产"　C. "制造费用"　D. "财务费用"

7. (　　)是对会计要素的具体内容进行分类核算的项目。
   A. 会计对象　　　　　　　　　　B. 会计科目
   C. 会计账户　　　　　　　　　　D. 明细分类科目

8. 下列各项中,与"制造费用"属于同一类科目的是(　　)。
   A. "管理费用"　　　　　　　　　B. "其他业务成本"
   C. "生产成本"　　　　　　　　　D. "主营业务成本"

9. 下列各项中,属于企业所有者权益类科目的是(　　)。
   A. "主营业务收入"　　　　　　　B. "预付账款"
   C. "所得税费用"　　　　　　　　D. "本年利润"

10. 下列各项中,属于成本类科目的是(　　)。
    A. "销售费用"　B. "财务费用"　C. "制造费用"　D. "管理费用"

11. 下列各项中,关于会计科目的设置说法正确的是(　　)。
    A. 企业必须严格遵守《企业会计准则》的规定设置科目,不得增加和减少,更不得合并和分拆
    B. 企业必须使用全部的会计科目
    C. 企业在合法性的基础上,可以根据实际情况增设、分拆、合并会计科目
    D. 企业可以根据实际需要,按照自己的意愿和需要设置会计科目,只要按照国家规定的格式和项目编制财务报表即可

12. 二级科目是介于(　　)之间的科目。
    A. 总分类科目和三级科目　　　　B. 总分类科目与明细分类科目
    C. 总分类科目　　　　　　　　　D. 明细分类科目

13. 下列各项中,关于会计科目分类表述不正确的是(　　)。
    A. 二级科目是对明细分类科目进一步分类的科目
    B. 明细分类科目是对其所归属的总分类科目的补充和说明
    C. 明细分类科目与所归属的总分类科目反映的经济内容是一致的
    D. 明细分类科目又称明细科目,是对总分类科目作进一步分类的科目

三、多项选择题

1. 下列项目中,属于资产类科目的有( )。
   A."库存现金"　　B."存货"　　C."固定资产"　　D."应收账款"
2. 会计科目设置应遵循的原则有( )。
   A. 合法性原则　　B. 相关性原则　　C. 及时性原则　　D. 实用性原则
3. 下列各项中,属于成本类科目的有( )。
   A."生产成本"　　B."管理费用"　　C."制造费用"　　D."长期待摊费用"
4. 下列各项中,有关明细分类科目的表述正确的有( )。
   A. 明细分类科目也称一级会计科目
   B. 明细分类科目是对总分类科目作进一步分类的科目
   C. 明细分类科目是对会计要素具体内容进行总括分类的科目
   D. 明细分类科目是能提供更加详细、更加具体会计信息的科目
5. 会计科目按其反映的经济内容,可分为( )。
   A. 所有者权益类　　B. 负债类
   C. 损益类　　D. 利润类
6. 总分类科目是对会计要素具体内容( )的会计科目。
   A. 提供总括信息　　B. 提供详细信息
   C. 进行总括分类　　D. 进行明细分类
7. 下列各项中,属于资产类科目的有( )。
   A."预付账款"　　B."应付账款"　　C."库存商品"　　D."原材料"
8. 下列各项中,属于损益类科目的有( )。
   A."本年利润"　　B."其他业务成本"
   C."主营业务收入"　　D."利润分配"
9. 下列各项中,属于总分类科目的有( )。
   A."银行存款"　　B."应收账款"
   C."原料及主要材料"　　D."长期借款"
10. 总分类科目又称( )。
    A. 一级科目　　B. 总账科目　　C. 要素科目　　D. 报表科目

四、判断题

1. 总分类科目下设的明细分类科目太多时,可在总分类科目下设置二级科目,在二级科目下设置三级科目。( )
2. "管理费用"科目和"制造费用"科目一样,都属于费用类科目。( )
3. "应付账款"科目和"预付账款"科目都属于负债类科目。( )
4. 会计科目的设置要遵循合法性,使用国家统一会计制度规定的会计科目,不得自行增设、减少或合并某些会计科目。( )
5. "应交税费"科目属于资产类科目。( )
6. 会计科目设置应当遵循的相关性原则,是指所设置的会计科目应符合单位自身特

点,满足单位实际需要。   (   )
7. "短期借款"科目属于资产类科目。   (   )
8. "预收账款"科目属于资产类科目。   (   )
9. "应付利息"科目属于费用类科目。   (   )
10. "在途物资"科目属于成本类科目。   (   )
11. "累计折旧"科目属于负债类科目。   (   )
12. "资本公积"科目属于所有者权益类科目。   (   )
13. "本年利润"科目属于损益类科目。   (   )

五、实训题

【目的】熟记会计科目及其性质。

【资料】某公司 2024 年 12 月 31 日的部分会计要素项目,见附表 3-1。

【要求】根据资料,在附表 3-1 中填写正确的会计科目,并判断其所属的科目类别。

任务二　设　置　账　户

一、填空题

1. 账户是根据_____设置的,具有_____,用于分类反映_____
   _____增减变动情况及其结果的载体。
2. 账户按反映的经济内容分,可分为_____类账户、_____类账户、_____类账
   户、_____类账户、_____类账户(包括_____账户、_____账户)。
3. 账户按提供信息的详细程度分,可分为_____账户和_____账户。
4. 总分类账户,又称_____,是根据_____开设的、提供
   _____核算资料的账户。总分类账户只反映_____指标。
5. 明细分类账户,又称_____,是根据_____科目开设的、提供_____核算
   资料的账户。明细分类账户是对总分类账户的_____。
6. 账户余额的方向通常与_____的方向一致。同一账户发生额与余额之间的数
   量关系可用等式表示为:_____
   _____。
7. 账户的基本结构划分为____方和____方,以一方登记_____额,以另一方登记
   _____额。账户的哪一方登记增加额、哪一方登记减少额,取决于账户的_____
   _____。
8. 会计科目是账户的_____,账户设置的依据是_____。

二、单项选择题

1. 总分类账户与明细分类账户的主要区别在于(　　)。
   A. 记账内容不同　　　　　　　　　　B. 记录经济业务详细程度不同

C. 记账的方向不同　　　　　　　D. 记账的依据不同
2. 能提供某一类经济业务增减变化总括会计信息的账户是(　　)。
   A. 明细分类账户　　　　　　　B. 日记账户
   C. 备查账户　　　　　　　　　D. 总分类账户
3. 下列各项中,有关账户表述不正确的是(　　)。
   A. 会计科目和账户所反映的会计对象的具体内容是完全相同的
   B. 会计科目是账户设置的依据
   C. 按照提供核算资料的详细程度,账户可以分为总分类账户和明细分类账户
   D. 账户是根据会计科目设置的,它没有格式和结构
4. 下列各项中,属于明细分类账户的是(　　)。
   A."生产成本"　　　　　　　　B."原料及主要材料"
   C."制造费用"　　　　　　　　D."应付职工薪酬"
5. 某科目的期初余额为900元,期末余额为5 000元,本期减少发生额为600元,则本期增加发生额为(　　)元。
   A. 3 500　　　B. 300　　　C. 4 700　　　D. 5 300
6. 下列各项中,不属于损益类账户的是(　　)。
   A."主营业务收入"　　　　　　B."制造费用"
   C."税金及附加"　　　　　　　D."其他业务成本"
7. 会计要素在特定会计期间增加和减少的金额,分别称为账户的"本期增加发生额"和"本期减少发生额",两者统称为账户的(　　)。
   A. 本期变动额　　B. 本期发生额　　C. 本期余额　　D. 期初余额
8. 下列各项中,属于总分类账户的是(　　)。
   A."房屋及建筑物"　　　　　　B."应付账款"
   C."应交增值税"　　　　　　　D."专利权"

三、多项选择题

1. 账户一般应包括(　　)。
   A. 账户名称　　　　　　　　　B. 日期和摘要
   C. 增加和减少的金额及余额　　D. 凭证字号
2. 总分类账户与明细分类账户的区别有(　　)。
   A. 反映经济业务内容的详细程度不同
   B. 作用不同,总分类账户总括记录经济业务,明细分类账户详细记录经济业务
   C. 记录的经济业务内容不同
   D. 登记账簿的依据不同
3. 下列各项中,有关会计科目与会计账户的关系表述正确的有(　　)。
   A. 会计科目是会计账户设置的依据
   B. 会计账户是会计科目的具体运用
   C. 在实际工作中,会计科目和会计账户是相互通用的

  D. 两者口径一致,性质相同
4. 账户的(　　)属于动态经济指标。
  A. 期初余额   B. 期末余额
  C. 本期增加发生额   D. 本期减少发生额
5. 账户的各项金额要素的关系可用公式(　　)表示。
  A. 期末余额＝期初余额＋本期增加发生额－本期减少发生额
  B. 期末余额－期初余额＝本期增加发生额－本期减少发生额
  C. 期末余额－期初余额－本期增加发生额＝本期减少发生额
  D. 期末余额＋本期减少发生额＝期初余额＋本期增加发生额

四、判断题

1. 账户就是会计科目。（　　）
2. 账户的基本结构是由会计要素的数量变化情况决定的,从数量上看不外乎增加和减少两种情况。（　　）
3. "生产成本"账户是用来计算产品的生产成本,而产品属于资产。因此,"生产成本"账户按照会计要素分类属于资产类账户。（　　）
4. 会计科目是依据账户开设的,两者的结构一致,性质相同。（　　）
5. 账户将原始数据转换为会计信息,通过账户可以对大量复杂的经济业务进行分类核算,从而提供不同性质和内容的会计信息。（　　）
6. 账户的功能在于能够连续、系统、完整地提供企业经济活动中各会计要素增减变动及其结果的具体信息。（　　）
7. 在总分类账户中除了使用货币计量单位,必要时还需要使用实物计量、劳动计量单位来计量。（　　）
8. 由于企业各种资产、负债、成本、费用等要素内容复杂多样,为方便管理,明细分类账户的设置越细越好。（　　）
9. 账户的金额要素是期初余额、本期增加发生额、本期减少发生额、期末余额。（　　）
10. 按照所有者权益的来源不同,所有者权益类账户又可以分为反映投入资本的账户和反映留存收益的账户。（　　）

五、计算题

  某企业 2024 年 12 月有关账户的发生额及余额见附表 3-2。试计算并填写附表 3-2 括号中的数据,列出计算过程。

项目四 复式记账

任务一 认知记账方法

一、填空题

1. 记账方法按记录经济业务方式不同,可分为＿＿＿＿＿和＿＿＿＿＿。
2. 单式记账法是指对发生的每一项经济业务＿＿＿＿＿＿＿＿＿中进行登记的记账方法。
3. 单式记账法通常只着重考虑＿＿＿＿＿＿＿＿的收支和＿＿＿＿＿＿的结算。
4. 单式记账法的优点是＿＿＿＿＿＿＿,其缺点是＿＿＿＿＿＿＿＿＿＿,无法全面、系统地反映＿＿＿＿＿＿＿＿＿＿＿,不便于＿＿＿＿＿＿＿＿＿＿＿＿＿＿＿＿＿。
5. 复式记账法是指对发生的每一项经济业务,都必须以＿＿＿＿＿的金额,同时在＿＿＿＿＿＿中进行登记的一种记账方法。
6. 复式记账法具有两个显著优点:(1)能够全面地、系统地反映＿＿＿＿＿＿＿＿＿；(2)能够进行＿＿＿＿＿＿＿,便于＿＿＿＿＿＿＿。
7. 《企业会计准则》规定,企业应当采用＿＿＿＿＿＿＿＿记账。

二、单项选择题

1. 复式记账法是对发生的每一笔经济业务都以相等的金额,在( )中进行登记的一种记账方法。
   A. 一个账户 B. 两个账户
   C. 两个或两个以上的账户 D. 两个或两个以上相互联系的账户
2. 复式记账法的基本理论依据是( )的平衡原理。
   A. 资产＝负债＋所有者权益
   B. 收入－费用＝利润
   C. 期初余额＋本期增加数－本期减少数＝期末余额
   D. 借方发生额＝贷方发生额
3. 企业购进一批材料,价值 30 000 元,款项以存款支付。采用单式记账法,则应记入( )账户。
   A. "固定资产" B. "银行存款" C. "原材料" D. "应付账款"

4. 记账规则采用"有借必有贷,借贷必相等"的记账方法是( )。
   A. 复式记账法   B. 增减记账法   C. 借贷记账法   D. 收付记账法

三、多项选择题

1. 按记账方式的不同,记账方法可分为( )。
   A. 单式记账法   B. 借贷记账法   C. 复式记账法   D. 收付记账法
2. 复式记账法的特点有( )。
   A. 在两个或两个以上相互联系的账户中记录
   B. 每项经济业务都要以相等的金额登记,据以进行试算平衡
   C. 可根据账户的记录了解每一交易或事项的来龙去脉
   D. 全面、系统地了解资金运动的过程和结果
3. 采购员王强出差预借差旅费5 000元,现金付讫。该笔业务采用复式记账法,则应( )。
   A. 在"库存现金"账户登记减少5 000元
   B. 在"库存现金"账户登记增加5 000元
   C. 在"其他应收款"账户登记减少5 000元
   D. 在"其他应收款"账户登记增加5 000元
4. 与单式记账法相比,复式记账法的优点有( )。
   A. 可以清楚地反映经济业务的来龙去脉
   B. 反映一项经济业务引起资金运动的某一个方面的变化
   C. 可以对记录的结果进行试算平衡,以检查账户记录是否正确
   D. 记账手续简单
5. 下列各项中,有关复式记账法表述正确的有( )。
   A. 购买价值60 000元材料,款项暂欠,采用复式记账法,则应同时在"原材料"和"应付账款"两个账户中进行登记
   B. 复式记账法可根据会计恒等式来检查账户记录是否正确
   C. 复式记账法只着重考虑货币资金的收支、债权债务的结算
   D. 复式记账法记账手续简单

四、判断题

1. 单式记账法只着重考虑货币资金的收支、债权债务的结算。 ( )
2. 运用单式记账法记录经济业务,可以反映每项经济业务的来龙去脉,可以检查每笔业务是否合理、合法。 ( )
3. 单式记账法有时虽然登记在两个账户中,但这两个账户之间的记录并没有直接的联系。 ( )
4. 复式记账法是指对每项经济业务,都要以相等的金额同时在相互联系的两个或两个以上账户中进行登记的一种记账方法。 ( )
5. 复式记账法的记账规则是"有借必有贷,借贷必相等"。 ( )

项目四 复式记账

任务二 借贷记账法

一、填空题

1. 借贷记账法的记账符号是_____,记账规则是_____
_____。
2. 借贷记账法下,_____、_____、_____账户的基本结构是借方登记增加数,贷方登记减少数;_____、_____、_____账户的基本结构是贷方登记增加数,借方登记减少数。
3. 借贷记账法下,资产类、成本类、费用和损失类账户的四项金额要素关系可用公式表示为:期末借方余额=_____。
4. 借贷记账法下,负债类、所有者权益类、收入和利得类账户的四项金额要素关系可用公式表示为:期末贷方余额=_____。
5. 各类账户余额的方向一般与_____额的方向相同。
6. 存在对应关系的账户互称_____。
7. 会计分录按其涉及总分类账户的多少,可分为_____和_____
_____。
8. 会计分录编制步骤有:(1)_____;(2)_____
_____;(3)_____;(4)_____
_____。
9. 试算平衡分为_____和_____两种方法。

二、单项选择题

1. 下列各项中,关于借贷记账法说法错误的是(　　)。
   A. 以"借"和"贷"为记账符号
   B. 以"资产=负债+所有者权益"为理论基础
   C. 以"有借必有贷,借贷必相等"为记账规则
   D. 账户借方登记增加额、贷方登记减少额
2. 费用和损失类账户结构与(　　)账户结构类似。
   A. 资产类　　　　　　　　　B. 负债类
   C. 所有者权益类　　　　　　D. 收入类
3. 一般情况下,负债类账户的借方、贷方分别表示(　　)。
   A. 减少、减少　　B. 减少、增加　　C. 增加、减少　　D. 增加、增加
4. "应付利息"账户的期末余额等于(　　)。
   A. 期初借方余额+本期借方发生额-本期贷方发生额
   B. 期初贷方余额+本期借方发生额+本期贷方发生额
   C. 期初借方余额+本期贷方发生额-本期借方发生额

027

D. 期初贷方余额－本期借方发生额＋本期贷方发生额

5. 采用借贷记账法时,收入和利得类账户的结构特点是(　　)。
   A. 借方登记增加、贷方登记减少,期末余额在借方
   B. 借方登记减少、贷方登记增加,期末余额在贷方
   C. 借方登记增加、贷方登记减少,期末一般无余额
   D. 借方登记减少、贷方登记增加,期末一般无余额

6. "应收账款"账户期初借方余额为 83 000 元,本期借方发生额为 100 000 元,贷方发生额为 150 000 元。下列各项中,关于该账户期末余额表述正确的是(　　)。
   A. 贷方 33 000 元   B. 贷方 167 000 元
   C. 借方 33 000 元   D. 借方 133 000 元

7. 在借贷记账法下,当贷记"主营业务成本"账户时,下列账户可能成为其对应账户的是(　　)。
   A. "其他业务成本"   B. "库存商品"
   C. "本年利润"   D. "原材料"

8. 下列各项中,关于会计分录表述不正确的是(　　)。
   A. 实际会计工作中会计分录都是一借一贷分录
   B. 会计分录按涉及总账账户多少,可以分为简单会计分录和复合会计分录
   C. 复合会计分录是指涉及三个或三个以上账户所组成的会计分录
   D. 账户名称、记账方向和金额是会计分录的三要素

9. 会计分录的构成要素是(　　)。
   A. 借方、贷方金额   B. 账户名称、记账方向、金额
   C. 摘要、凭证号、金额   D. 总分类账户、明细分类账户、金额

10. 在借记原材料 60 000 元,借记应交税费 7 800 元,贷记银行存款 67 800 元中,"应交税费"账户的对应账户是(　　)。
    A. "银行存款"   B. "原材料"
    C. "原材料"和"应交税费"   D. "原材料"和"银行存款"

11. 账户发生额试算平衡法的直接依据是(　　)。
    A. 资产＝负债＋所有者权益   B. 收入－费用＝利润
    C. 借贷记账法的记账规则   D. 平行登记原则

12. 借贷记账法余额试算平衡的直接依据是(　　)。
    A. 资产＝负债＋所有者权益   B. 收入－费用＝利润
    C. 借贷记账法的记账规则   D. 平行登记原则

13. 下列各项中,关于余额试算平衡法的平衡关系说法正确的是(　　)。
    A. 全部账户本期借方发生额合计＝全部账户本期贷方发生额合计
    B. 全部账户借方期初余额合计＝全部账户贷方期初余额合计
    C. 全部账户贷方期初余额合计＝全部账户借方期末余额合计
    D. 全部账户借方期末余额合计＝全部账户贷方期初余额合计

14. 某公司月末编制的试算平衡表中,全部账户的本月借方发生额合计为 1 420 万元,

除应付账款外的本月贷方发生额合计1 280万元,则"应付账款"账户(　　)。

A. 本月借方余额为140万元　　　　B. 本月贷方余额为140万元

C. 本月借方发生额为140万元　　　D. 本月贷方发生额为140万元

15. 下列各项中,不能通过试算平衡检查发现的记账错误是(　　)。

A. 某笔业务重记了贷方的发生额

B. 将某一账户的借方发生额500元,误写成5 000元,贷方金额无误

C. 某笔业务在记账过程中颠倒了借贷科目,金额无误

D. 某笔业务借方的金额误记到了贷方

三、多项选择题

1. 下列各项中,关于借贷记账法说法正确的有(　　)。

A. "借""贷"只是一种记账符号,没有任何含义

B. 借贷记账法中,"借"表示增加,"贷"表示减少

C. 借贷记账法以"有借必有贷,借贷必相等"为记账规则

D. 借贷记账法是建立在"资产＝负债＋所有者权益"会计等式基础上的

2. 下列各项中,在借贷记账法下一般有贷方余额的账户有(　　)。

A. 资产类账户　　　　　　　　　　B. 负债类账户

C. 损益类账户　　　　　　　　　　D. 所有者权益类账户

3. 下列各项中,余额在借方的账户有(　　)。

A. "银行存款"　　　　　　　　　　B. "应付账款"

C. "固定资产"　　　　　　　　　　D. "主营业务收入"

4. 下列各项中,关于账户结构说法正确的有(　　)。

A. 收入和利得账户借方登记减少,贷方登记增加

B. 借方登记成本、费用的增加和负债、收入的减少,贷方相反

C. 借方登记资产的增加,贷方登记负债、所有者权益的增加

D. 借方登记资产、负债、所有者权益的增加,贷方登记收入、费用的增加

5. 下列各项中,关于"有借必有贷,借贷必相等"记账规则表述正确的有(　　)。

A. 记入一个账户的借方,必须同时记入该账户的贷方

B. 记入一个账户的借方,必须同时记入另一个或几个账户的贷方

C. 记入一个账户的贷方,必须同时记入另一个或几个账户的借方

D. 每一笔业务记入借方的金额必须与记入贷方的金额相等。

6. 在借贷记账法下,账户借方登记的内容包括(　　)。

A. 资产增加　　　　　　　　　　　B. 负债增加

C. 收入和利得减少　　　　　　　　D. 所有者权益减少

7. 采用借贷记账法,账户的贷方登记(　　)。

A. 成本增加　　　　　　　　　　　B. 负债增加

C. 所有者权益增加　　　　　　　　D. 费用和损失减少

8. 下列各项中,根据借贷记账法的账户结构关系,不同性质账户的期末余额计算等式

正确的有(　　)。
　　A. 资产类账户期末余额＝期初借方余额＋本期借方发生额－本期贷方发生额
　　B. 成本类账户期末余额＝期初借方余额＋本期借方发生额－本期贷方发生额
　　C. 负债类账户期末余额＝期初贷方余额＋本期贷方发生额－本期借方发生额
　　D. 所有者权益类账户期末余额＝期初贷方余额＋本期贷方发生额－本期借方发生额

9. 下列各项中,属于复合会计分录的有(　　)。
　　A. 多借多贷分录　　　　　　　　B. 一借两贷分录
　　C. 两借三贷分录　　　　　　　　D. 一借一贷分录

10. 在借贷记账法下,当借记"应收账款"账户时,下列账户中可能成为其对应账户的有(　　)。
　　A. "主营业务收入"　　　　　　　B. "其他业务收入"
　　C. "应交税费"　　　　　　　　　D. "银行存款"

11. 下列各项中,关于会计分录表述正确的有(　　)。
　　A. 在实际工作中,是通过编制记账凭证来确定会计分录的
　　B. 按其所涉及总账账户的多少分为简单会计分录和复合会计分录
　　C. 不允许编制多借多贷的复合会计分录
　　D. 会计分录要素由记账金额和会计账户名称两部分组成

12. 下列各项中,在编制试算平衡表时运用的试算平衡公式有(　　)。
　　A. 全部账户借方发生额合计＝全部账户贷方发生额合计
　　B. 借方期末余额＝借方初期余额＋本期借方发生额－本期贷方发生额
　　C. 某笔业务借方账户金额＝该笔业务贷方账户金额
　　D. 全部账户借方期初(期末)余额合计＝全部账户贷方期初(期末)余额合计

13. 在编制试算平衡表时,应该注意(　　)。
　　A. 必须保证所有账户的发生额及余额均已计入试算平衡表
　　B. 如果试算平衡,说明账户记录肯定正确无误
　　C. 如果试算不平衡,账户记录或计算肯定有错误,应认真查找直至平衡为止
　　D. 即使试算平衡,也不能说明账户记录绝对正确

14. 不影响试算平衡表借贷平衡关系的账户错误记录的有(　　)。
　　A. 颠倒借贷记账方向　　　　　　B. 重记或漏记某项交易或事项
　　C. 某项交易或事项记错有关账户　　D. 借贷金额发生同样的错误

15. 某企业月末编制的试算平衡表借方余额合计为 130 000 元,贷方余额合计为 110 000元。经认真检查,漏记了一个账户的余额。漏记的账户(　　)。
　　A. 为借方余额　　　　　　　　　B. 为贷方余额
　　C. 余额为 20 000 元　　　　　　 D. 可能是借方余额,也可能是贷方余额

四、判断题

1. 费用和损失类账户基本结构与资产类账户基本结构类似,即借方登记增加数,贷方登记减少数。　　　　　　　　　　　　　　　　　　　　　　　　　　(　　)

2. 损益类账户可分为费用和损失类账户与收入和利得类账户。（　　）
3. "生产成本""制造费用""财务费用""管理费用"均属于损益类账户,期末结转后应无余额。（　　）
4. 借贷记账法下账户的基本结构是:每一个账户的左方均为借方,右边均为贷方。（　　）
5. 资产类账户期末余额＝期初借方余额＋本期贷方发生额－本期借方发生额。（　　）
6. 在借贷记账法下,损益类账户贷方登记增加数,借方登记减少数,期末一般无余额。（　　）
7. 借贷记账法下,资产类账户、费用类账户、成本类账户通常都有期末借方余额。（　　）
8. 借贷记账法的记账规则为"有借必有贷、借贷必相等",即对每一笔经济业务都只能在两个账户中以借方和贷方相等的金额进行登记。（　　）
9. 账户的对应关系是指运用借贷记账法记录某一笔经济业务时,相关账户之间形成的应借、应贷的相互关系。（　　）
10. 会计分录是指对某项交易或事项标明其应借、应贷账户及其金额的记录,简称分录。（　　）
11. 在会计处理中,只能编制一借一贷、一借多贷、一贷多借的会计分录,而不能编制多借多贷的会计分录,以避免对应关系混乱。（　　）
12. 在实际工作中,会计分录记载于记账凭证中。（　　）
13. 企业实务中,允许将不同种类的经济业务合并编制成多借多贷会计分录。（　　）
14. 会计分录可以划分为一借一贷会计分录和多借多贷会计分录两种。（　　）
15. 复合会计分录是指由两个对应账户所组成的会计分录。（　　）
16. 通过账户的对应关系,可以了解有关经济业务的来龙去脉。通过账户的平衡关系,可以检查有关业务的记录是否正确。（　　）
17. 在实际工作中,发生额试算平衡与余额试算平衡可以一并通过试算平衡表完成。（　　）
18. 期末进行试算平衡时,如果所有总分类账户的本期借方发生额合计数与所有总分类账户的本期贷方发生额合计数相等,则说明账户记录肯定正确。（　　）
19. 在编制会计分录时,一笔经济业务的借贷双方金额上发生同样的错误,则不影响借贷双方的平衡,所以不能通过试算平衡表来发现这种错误。（　　）
20. 试算平衡只能检查部分数字性错误,文字性错误检查不出来。（　　）

五、计算题

某公司某年12月31日部分账户的金额,见附表4－1。试根据附表4－1有关账户期初余额、本期发生额和期末余额的资料,填列附表4－1中括号内的金额,列出计算过程。

六、实训题

实训一

【目的】练习编制会计分录。

【资料】某公司某年 12 月发生如下经济业务：
(1) 收到投资者投入货币资金 500 000 元，款项已存入银行。
(2) 向银行借入 6 个月期限的款项 250 000 元，款项已收到。
(3) 用银行存款 80 000 元购入一台不需要安装的设备，已投入使用。
(4) 从银行提取现金 10 000 元。
(5) 向甲公司购入原材料一批，材料已入库，买价 140 000 元，用银行存款支付 100 000 元，其余暂欠。
(6) 收到 A 公司前欠货款 75 000 元，已存入银行。
(7) 购买行政管理部门用办公用品 800 元，以现金支付。
(8) 以银行存款 40 000 元偿还前欠甲公司材料款。
(9) 以银行存款 100 000 元偿还到期的短期借款。
(10) 总经理李华出差预借差旅费 9 000 元，以现金支付。
【要求】根据上述经济业务，编制会计分录。

实训二

【目的】运用借贷记账法，练习登记总分类账（"T"形账户）和编制试算平衡表。
【资料】(1) 某公司某年 12 月 1 日有关总分类账户的余额，如表 4-1 所示。

表 4-1　总分类账户期初余额　　　　　　　　　　　　单位：元

账 户 名 称	借 方 余 额	账 户 名 称	贷 方 余 额
库存现金	797	短期借款	100 000
银行存款	812 903	应付账款	90 000
原材料	261 300	实收资本	1 500 000
应收账款	75 000	盈余公积	460 000
固定资产	1 600 000	利润分配	600 000
合　　计	2 750 000	合　　计	2 750 000

(2) 该公司 12 月发生的经济业务见项目四任务二实训一。
【要求】
(1) 根据各账户的期初余额，开设"T"形账户，并登记期初余额。
(2) 根据项目四任务二实训一编制的会计分录，登记"T"形账户。
(3) 计算每一个账户的本期发生额及余额。
(4) 根据账户记录编制试算平衡表，见附表 4-2。

项目五 运用借贷记账法

任务一 资金筹集业务的核算

一、填空题

1. 资金筹集业务按其资金来源不同，分为_____和_____。
2. 所有者投入资本按照投资主体的不同可以分为_____、_____、_____和_____等。
3. 所有者投入的资本主要包括_____和_____。
4. 所有者权益筹资业务核算通常设置_____、_____、_____等账户。
5. 负债筹资主要包括企业_____和_____等。向债权人借入的资金包括_____、_____等。
6. 负债筹资业务核算通常设置_____、_____、_____和_____等账户。

二、单项选择题

1. 企业的资金筹集业务按（　　）分为所有者权益筹资和负债筹资。
   A. 资金来源　　B. 资金运用　　C. 资金的占用　　D. 资金分配
2. （　　）是指企业的投资者按照企业章程、合同或协议的约定，实际投入企业的资本金及按照有关规定由资本公积、盈余公积等转增资本的资金。
   A. 银行存款　　B. 实收资本　　C. 资本溢价　　D. 未分配利润
3. 企业收到投资者以货币资金投入的资本，投资者投入的金额超过其在注册资本中所占份额的部分应记入（　　）账户。
   A. "实收资本"　　B. "盈余公积"　　C. "资本公积"　　D. "投资收益"
4. 短期借款的偿还期限通常在（　　）。
   A. 一年以上　　　　　　　　　B. 一年以下（含一年）
   C. 一年或一个经营周期以内　　D. 一个经营周期以内
5. 短期借款的利息直接支付不预提的，付款时应借记（　　）账户。
   A. "财务费用"　　B. "管理费用"　　C. "应付利息"　　D. "银行存款"
6. 企业发生的银行手续费应计入（　　）。

A. 管理费用　　　　B. 财务费用　　　　C. 生产成本　　　　D. 销售费用
7. 月末计提短期借款利息费用时，应记入（　　）账户的借方。
　　A. "应付利息"　　B. "管理费用"　　C. "银行存款"　　D. "财务费用"
8. 企业3月末支付本季短期借款利息3 000元（前两个月已预提2 000元），正确的会计分录为（　　）。

　　A. 借：应付利息　　　2 000　　　　　B. 借：应付利息　　　2 000
　　　　　管理费用　　　1 000　　　　　　　　财务费用　　　1 000
　　　　贷：银行存款　　　3 000　　　　　　贷：银行存款　　　3 000
　　C. 借：短期借款　　　2 000　　　　　D. 借：财务费用　　　3 000
　　　　　财务费用　　　1 000　　　　　　　贷：银行存款　　　3 000
　　　　贷：银行存款　　　3 000

三、多项选择题

1. 企业发生"银行将短期借款5 000 000元转为对本企业的投资"业务，下列各项表述中正确的有（　　）。
　　A. 资产增加　　　　　　　　　　　B. 负债减少
　　C. 所有者权益增加　　　　　　　　D. 所有者权益内部一增一减
2. 企业在月末计提本月短期借款利息，下列各项表述中正确的有（　　）。
　　A. 负债增加　　B. 负债减少　　C. 费用增加　　D. 费用减少
3. 企业发生"收到投资者对本企业的投资2 000 000元存入银行"业务，下列各项表述中正确的有（　　）。
　　A. 资产增加　　　　　　　　　　　B. 所有者权益增加
　　C. 负债增加　　　　　　　　　　　D. 所有者权益内部一增一减
4. 实收资本的来源有（　　）。
　　A. 投资者按照企业章程、合同或协议的约定，实际投入企业的资本金
　　B. 资本公积转增资本
　　C. 盈余公积转增资本
　　D. 投资者投入的超出其在企业注册资本中所占的份额
5. 企业接受投资者投入的资本，可能涉及的借方账户有（　　）。
　　A. "银行存款"　　B. "固定资产"　　C. "无形资产"　　D. "原材料"
6. 企业用银行存款偿还短期借款，引起（　　）。
　　A. 资产增加　　B. 资产减少　　C. 负债增加　　D. 负债减少
7. 企业从银行借入的期限为3个月的借款到期，偿还该借款本息时编制的会计分录可能涉及的账户有（　　）。
　　A. "应付利息"　　B. "财务费用"　　C. "短期借款"　　D. "银行存款"

四、判断题

1. 短期借款的利息可以预提，也可以在实际支付时直接计入当期损益。　　（　　）

2. 偿还期限在一年以上(包括一年)的各种借款均为长期借款。　　　(　　)
3. 企业接受投资者投入及无偿捐赠的实物或货币,均属于企业的实收资本。(　　)
4. 企业向银行或其他金融机构借入的款项应通过"长期借款"账户进行核算。(　　)
5. 对于负债筹资形成的债权人权益(也称为债务资本),这部分资本的所有者享有按约收回本金和利息的权利。　　　　　　　　　　　　　　　　(　　)
6. "实收资本"账户贷方登记所有者投入企业资本金的减少额,借方登记所有者投入企业资本金的增加额。期末余额在借方,表示企业期末实收资本总额。(　　)
7. "短期借款"账户借方登记短期借款本金的增加额,贷方登记短期借款本金的减少额。期末余额在借方,反映企业期末尚未归还的短期借款。　　　(　　)
8. 对于企业收到的投资方投入的实物资产,如果确认的资产价值超过其在注册资本中所占的份额,差额应作为资本溢价,计入盈余公积。　　　　　　(　　)
9. 企业经营期间向银行或其他金融机构借入的各种款项所发生的利息均应记入"财务费用"账户。　　　　　　　　　　　　　　　　　　　　　　(　　)

五、计算题

2024年7月1日,东海公司向本地工商银行借入3个月期限的借款300 000元,年利率为3.6%,到期一次还本付息。试计算该笔借款的月利息额。

六、实训题

【目的】练习并掌握企业资金筹集的核算。

【资料】东海公司为一般纳税人,2024年12月发生如下经济业务:

(1) 2日,收到投资者日升公司投入的货币出资1 000 000元,存入银行。

(2) 2日,向银行申请3个月期限的借款30 000元,年利率为3.6%,款项已收到存入银行。

(3) 10日,收到投资者乐进公司以5台设备投资,按评估值作价500 000元,根据企业章程中注册资本出资比例应计入资本金的金额为400 000元。

(4) 16日,根据规定,东海公司将资本公积80 000元转增为资本金。

(5) 31日,计提本月短期借款利息1 800元。

(6) 31日,以存款偿还短期借款本息,该笔借款本金300 000元,年利率为3.6%,本季度前两个月已计提利息1 800元。

【要求】根据上述经济业务编制会计分录。

任务二　供应过程业务的核算

一、填空题

1. 供应过程是为_____做准备的过程,包括购买_____等劳动资料形成固定资金,购买_____等劳动对象形成储备资金。

2. 固定资产是指企业为_____、_____、_____而持有的，使用寿命超过一年的_____资产。

3. "固定资产"账户属于_____类账户，用于核算企业持有的_____的增减变动及其结存情况；其借方登记_____的增加额，贷方登记_____的减少额。

4. 材料采购成本，主要包括_____和_____。采购费用包括_____、_____、_____、_____等。

5. 企业购进材料在途或尚未验收入库的，通过_____账户核算；购进材料已验收入库的，则通过_____账户核算。

6. 企业购进材料，可能涉及的贷方账户有_____、_____、_____、_____、_____等。

二、单项选择题

1. 企业设置"固定资产"账户是用来反映固定资产的( )。
   A. 原始价值   B. 累计折旧   C. 磨损价值   D. 净值

2. 某企业是一般纳税人，以银行存款购入不需要安装的设备一台，支付设备的买价500 000元、增值税65 000元（取得增值税专用发票），设备运杂费用15 000元（取得增值税普通发票）。对该项业务应记入"固定资产"账户借方的金额为( )元。
   A. 500 000   B. 565 000   C. 515 000   D. 580 000

3. 增值税一般纳税人购进设备所支付的增值税款应记入( )账户。
   A. "在途物资"   B. "固定资产"   C. "在建工程"   D. "应交税费"

4. 某企业为增值税一般纳税人，购入材料一批，增值税专用发票上标明价款为20万元、增值税为2.6万元，另支付材料的运杂费2万元（取得增值税普通发票）。该批材料采购成本为( )万元。
   A. 20   B. 22   C. 22.6   D. 24.6

5. 购入原材料50 000元，用银行存款30 000元支付部分货款，剩余款项暂欠。该项经济业务中与"原材料"账户存在对应关系的账户是( )。
   A. "应付账款"   B. "其他应付款"   C. "预付账款"   D. "生产成本"

6. 企业"应付账款"账户的借方余额反映的是( )。
   A. 应付未付供货单位的款项   B. 预收购货单位的款项
   C. 预付供货单位的货款   D. 应收购货单位的货款

三、多项选择题

1. 一般纳税人企业购入材料的实际采购成本包括( )。
   A. 材料买价   B. 增值税进项税额
   C. 采购费用   D. 采购人员差旅费

2. 在核算材料采购业务时，"在途物资"账户的对应账户可能有( )。
   A. "银行存款"   B. "应付账款"   C. "应付票据"   D. "预付账款"

3. 一般纳税人企业购入原材料且验收入库，价税款已支付，则借、贷方账户可能有（　　）。
   A."在途物资"　　B."原材料"　　C."应交税费"　　D."银行存款"
4. 企业接受投资者投入无需安装的设备一台，价值 30 万元，该笔业务应当（　　）。
   A. 借记"固定资产"30 万元　　　　B. 借记"在建工程"30 万元
   C. 贷记"资本公积"30 万元　　　　D. 贷记"实收资本"30 万元

四、判断题

1. 预付款情况不多的企业，可以不设置"预付账款"账户，而直接通过"应付账款"账户核算。（　　）
2. 企业在购入材料过程中发生的采购人员的差旅费及市内零星运杂费等不计入材料的采购成本，而是作为管理费用列支。（　　）
3. 企业购入材料在运输途中发生的合理损耗应作为管理费用单独进行核算。（　　）
4. "固定资产"账户的期末借方余额，反映期末实有固定资产的净值。（　　）
5. 各种借款、应付及预付款项都是企业的债务。（　　）

五、实训题

【目的】练习并掌握供应过程业务的核算。

【资料】东海公司为一般纳税人，2024 年 12 月发生如下经济业务：

（1）3 日，从星光公司购进 A 材料 100 千克，单价 80 元，增值税税率 13%，运杂费 1 000 元（取得增值税普通发票）。材料已验收入库，上述价税款已支付。

（2）5 日，根据合同约定，用银行存款预付南海公司 B 材料款 200 000 元。

（3）18 日，从北海公司购进 B 材料 2 500 千克，单价 400 元；C 材料 1 500 千克，单价 600 元；增值税税率 13%，材料尚未运达，价税款尚未支付。

（4）20 日，预付南海公司的 B 材料现已运达并验收入库。收到对方开来的增值税专用发票，购进 B 材料 1 500 千克，单价 400 元；增值税税率 13%。用银行存款支付剩余款项。

（5）24 日，从北海公司购进的 B、C 两种材料已运到，并验收入库。

（6）27 日，用存款偿还北海公司款项 2 147 000 元。

（7）31 日，东海公司欠黄海公司 400 000 元的商业汇票到期，现用存款支付。

【要求】根据上述经济业务编制会计分录。

任务三　生产过程业务的核算

一、填空题

1. "生产成本"账户属于＿＿＿＿类账户，用于核算企业＿＿＿＿＿＿＿＿＿＿＿＿＿＿＿，包括＿＿＿＿＿＿＿＿＿＿＿＿＿＿＿＿＿＿＿＿＿＿＿、＿＿＿＿＿＿＿和＿＿＿＿＿＿＿

_____。

2. "制造费用"账户属于_____类账户,用于核算企业_____为组织和管理生产活动而发生的_____,包括生产车间(部门)的_____、_____、_____、_____等。

3. "管理费用"账户属于_____类账户中的_____类账户,用于核算企业_____为组织和管理生产经营活动而发生的各种费用,包括_____、_____、_____、_____、_____、_____等。

4. "累计折旧"账户属于_____类账户,同时也是"固定资产"账户的_____账户,用于核算企业固定资产的_____。

5. "应付职工薪酬"账户属于_____类账户,用于核算企业_____。

二、单项选择题

1. 仓库发出材料用于车间一般性消耗,应借记(　　)账户。
   A. "生产成本"　　B. "管理费用"　　C. "制造费用"　　D. "原材料"

2. 下列各项中,不构成产品成本而应该直接计入当期损益的是(　　)。
   A. 直接材料费　　B. 直接人工费　　C. 制造费用　　D. 期间费用

3. 生产产品应负担的生产工人薪酬,应当直接计入(　　)。
   A. 管理费用　　B. 生产成本　　C. 销售费用　　D. 制造费用

4. 分配产品生产工人的职工薪酬时,应贷记的账户是(　　)。
   A. "生产成本"　　B. "制造费用"　　C. "管理费用"　　D. "应付职工薪酬"

5. 企业向职工支付工资,应借记的账户是(　　)。
   A. "应付职工薪酬"　　　　　　B. "银行存款"
   C. "管理费用"　　　　　　　　D. "制造费用"

6. 下列各项中,不通过"管理费用"账户核算的是(　　)。
   A. 工会经费　　B. 业务招待费　　C. 广告费　　D. 财务科长工资

7. 下列各项中,期末一般无余额的账户是(　　)。
   A. "应付账款"　　B. "生产成本"　　C. "利润分配"　　D. "管理费用"

8. 下列各项中,不应该计入企业产品成本的是(　　)。
   A. 车间管理人员工资　　　　　B. 销售产品过程中发生的运输费
   C. 生产设备折旧费　　　　　　D. 生产领用的原材料成本

9. 下列各项中,与"制造费用"账户不可能发生对应关系的账户是(　　)。
   A. "生产成本"　　B. "库存商品"　　C. "原材料"　　D. "应付职工薪酬"

10. 下列各项中,应在"应付职工薪酬"账户贷方登记的是(　　)。
    A. 本月实际支付的工资　　　　B. 本月应分配的工资总额
    C. 本月结转的代扣款项　　　　D. 本月多支付的工资

11. 下列各项中,用于核算产品成本的账户是(　　)。
   A. "主营业务成本"　　　　　　　　B. "其他业务成本"
   C. "库存商品"　　　　　　　　　　D. "制造费用"

三、多项选择题

1. 构成产品生产成本的成本项目包括(　　)。
   A. 直接材料费　　B. 直接人工费　　C. 管理费用　　D. 制造费用
2. 关于"制造费用"账户,下列说法中正确的有(　　)。
   A. 借方登记实际发生的各项制造费用
   B. 贷方登记期末分配转入产品成本的制造费用
   C. 期末余额在借方,表示在产品的制造费用
   D. 期末一般无余额
3. 企业期末计提固定资产折旧,可能涉及的借方账户有(　　)。
   A. "生产成本"　　B. "制造费用"　　C. "管理费用"　　D. "财务费用"
4. 企业对固定资产计提折旧时,其折旧额应根据不同情况分别计入(　　)等。
   A. 销售费用　　B. 制造费用　　C. 财务费用　　D. 其他业务成本
5. 下列各项中,应计入制造费用的有(　　)。
   A. 车间办公费　　　　　　　　　　B. 车间设备折旧费
   C. 厂部管理人员的工资　　　　　　D. 车间管理人员的工资
6. 下列各项中,应计入管理费用的有(　　)。
   A. 厂部管理人员的工资　　　　　　B. 车间管理人员的工资
   C. 厂部房屋的折旧费　　　　　　　D. 厂部的办公费
7. 下列各项中,构成产品成本组成部分的职工薪酬有(　　)。
   A. 车间生产工人薪酬　　　　　　　B. 车间管理人员薪酬
   C. 专设销售机构人员薪酬　　　　　D. 企业管理部门人员薪酬

四、判断题

1. 管理费用是企业行政管理部门为组织和管理生产经营活动而发生的各项费用,包括行政人员的工资和福利费、办公费、折旧费、业务招待费、借款利息等。(　　)
2. 生产车间使用的固定资产,所计提的折旧应计入生产成本。(　　)
3. 费用与成本是既有联系又有区别的两个概念,费用与特定的会计期间相联系,而成本则与特定对象相联系。(　　)
4. 企业发生的职工培训费应计入产品的制造成本。(　　)
5. "库存商品"账户本期借方发生额,反映企业本期发出库存商品的成本。(　　)
6. 企业本期发生的各项制造费用都应在期末分配转入"生产成本"账户,结转后"制造费用"账户期末通常无余额。(　　)
7. 管理费用会直接影响到当期营业利润。(　　)

五、计算题

假设某企业只生产一种产品，2024 年 7 月 1 日期初在产品成本为 69 000 元。7 月份发生下列生产费用：生产产品领用材料 150 000 元，产品生产工人工资 90 000 元，制造费用 20 000 元，管理费用 30 000 元，产品广告费 15 000 元。月末在产品成本为 45 000 元。试计算该企业 7 月份完工产品的生产成本。

六、实训题

【目的】练习并掌握生产过程业务的核算。

【资料】东海公司为一般纳税人，2024 年 12 月发生如下经济业务：

(1) 5 日，以银行存款 4 000 元支付购买的办公用品。其中，车间领用 2 300 元，行政部门领用 1 700 元。

(2) 10 日，用银行存款转账支付本月职工工资 988 000 元。

(3) 10 日，王经理出差，向财务科预借差旅费 10 000 元，用现金支付。

(4) 20 日，王经理出差回来，报销差旅费 8 530 元，收回剩余款项。

(5) 31 日，仓库发出材料。其中，甲产品领用 B 材料 1 500 千克，单位成本 400 元；乙产品领用 C 材料 1 200 千克，单位成本 600 元；车间一般性消耗领用 A 材料 30 千克，单位成本 90 元；行政部门消耗领用 A 材料 50 千克，单位成本 90 元。

(6) 31 日，月末分配工资费用 988 000 元。其中，生产甲产品工人工资 368 000 元，乙产品工人工资 329 000 元，车间管理人员工资 58 000 元，行政部门管理人员工资 120 000 元，销售部门人员工资 113 000 元。

(7) 31 日，计提本月固定资产折旧费用 81 000 元。其中，车间折旧费 55 000 元，行政部门折旧费 17 000 元，销售部门折旧费 9 000 元。

(8) 31 日，分配本月发生的制造费用 118 000 元。其中，甲产品分配 52 000 元，乙产品分配 66 000 元。

(9) 31 日，本月生产的甲产品 1 020 件、乙产品 1 000 件全部完工，验收入库，结转完工产品成本。两种产品均没有期初在产品和期末在产品。

【要求】根据上述经济业务编制会计分录。

任务四　销售过程业务的核算

一、填空题

1. 应收账款的入账金额包括＿＿＿＿＿＿、＿＿＿＿＿＿和＿＿＿＿＿＿等。
2. "其他业务收入"账户属于＿＿＿＿＿类账户中的＿＿＿＿＿＿类账户，用于核算企业确认的除＿＿＿＿＿＿外的其他经营活动实现的收入，主要包括＿＿＿＿＿＿、＿＿＿＿＿＿、＿＿＿＿＿＿、＿＿＿＿＿＿等实现的收入。
3. "其他业务成本"账户属于＿＿＿＿＿类账户中的＿＿＿＿＿＿类账户，核算内容主要包括＿＿＿＿＿＿、＿＿＿＿＿＿、＿＿＿＿＿＿、＿＿＿＿

_____等。
4. "税金及附加"账户的核算内容包括_____、_____、_____、_____、_____、_____、城镇土地使用税、印花税等。
5. 一般纳税人应交增值税=_____。
6. 应交城市维护建设税=_____。

二、单项选择题

1. 下列各项中,属于企业主营业务收入的是( )。
   A. 出售固定资产取得的收入　　B. 出租固定资产取得的收入
   C. 转让无形资产使用权的使用费收入　　D. 劳务收入

2. 对于一般纳税人企业,下列各项内容中,符合收入要素确认要求,应确认为其他业务收入的是( )。
   A. 出售材料收入　　B. 出售商品收入
   C. 向购货方收取的增值税税额　　D. 接受捐赠收入

3. 工业企业对外出租固定资产计提的折旧应记入( )账户。
   A. "生产成本"　　B. "制造费用"　　C. "管理费用"　　D. "其他业务成本"

4. 下列各项中,应记入利润表"税金及附加"项目的是( )。
   A. 增值税、资源税、消费税
   B. 企业所得税、消费税、印花税
   C. 房产税、城市维护建设税、教育费附加
   D. 车船税、资源税、个人所得税

5. 下列各项中,不应计入企业销售费用的是( )。
   A. 专设销售机构的人员工资　　B. 专设销售机构的设备折旧费
   C. 销售产品广告费　　D. 销售产品代垫运杂费

6. 某企业2023年11月1日销售商品一批,价款为100 000元,增值税13 000元,销售过程中发生运费1 800元,装卸费700元。则该企业应确认的收入为( )元。
   A. 100 000　　B. 101 800　　C. 102 500　　D. 115 500

7. 下列各项中,应计入营业成本的是( )。
   A. 出租的固定资产计提的折旧　　B. 罚款支出
   C. 固定资产处置损失　　D. 应收账款坏账损失

8. 企业销售一批材料,增值税专用发票上注明的价款为50 000元,增值税税额为6 500元;销售过程中由该企业承担的保险费为500元,搬运费为900元(不考虑相关税费)。则该业务应确认的收入为( )元。
   A. 48 600　　B. 50 000　　C. 51 400　　D. 57 900

9. 下列项目中,不通过"应收账款"账户核算的是( )。
   A. 员工预借差旅费　　B. 销售库存商品应收的款项
   C. 提供劳务应收的款项　　D. 销售原材料应收的款项

10. 下列各项中,不应计入营业成本的是( )。

A. 商品销售成本　　　　　　　　　　B. 原材料销售成本
　　C. 出租包装物的成本　　　　　　　　D. 计提应收账款坏账准备
11. 某企业2023年11月份增加银行存款78 800元。其中,出售商品收入30 000元;增值税3 900元;出售固定资产收入20 000元;接受捐赠收入10 000元;出租固定资产收入14 900元。则该月营业收入为(　　)元。
　　A. 35 100　　　　B. 64 900　　　　C. 44 900　　　　D. 50 000
12. 销售费用不包括(　　)。
　　A. 汇兑损失　　　　　　　　　　　　B. 销售产品的包装费
　　C. 广告费　　　　　　　　　　　　　D. 专设销售机构的职工薪酬

三、多项选择题

1. 应收账款的入账金额包括(　　)。
　　A. 增值税销项税额　　　　　　　　　B. 增值税进项税额
　　C. 代购货方垫付的运杂费　　　　　　D. 代购货方垫付的包装费
2. 下列各项中,应计入企业销售费用的有(　　)。
　　A. 销售产品的广告费　　　　　　　　B. 业务招待费
　　C. 专设销售机构房租　　　　　　　　D. 产品展览费
3. 下列各项收入中,属于制造业企业其他业务收入的有(　　)。
　　A. 销售材料的收入　　　　　　　　　B. 出租固定资产实现的租金收入
　　C. 提供运输劳务获得的收入　　　　　D. 出售固定资产实现的净收入
4. 企业购销活动中产生的债权,一般在(　　)账户中核算。
　　A. "预收账款"　　B. "预付账款"　　C. "应付账款"　　D. "应收账款"

四、判断题

1. 预收账款可以在"应收账款"账户核算,因此,预收账款是企业的一项资产。(　　)
2. 销售商品取得的收入均属于主营业务收入,而提供劳务取得的收入则属于其他业务收入。(　　)
3. "投资收益"属于损益类账户,借方登记实现的投资收益和期末转入"本年利润"账户的投资净损失;贷方登记发生的投资损失和期末转入"本年利润"账户的投资净损失。期末结转后,该账户无余额。(　　)
4. 主营业务成本由已销产品生产成本和销售费用组成。(　　)
5. 企业实现的收入能够导致所有者权益增加,但导致所有者权益增加的不一定都是收入。(　　)
6. 制造业企业的产品销售成本就是已销产品的生产成本。(　　)
7. "税金及附加"账户属于损益类账户中的费用和损失类账户。(　　)

五、实训题

　　【目的】练习并掌握销售过程业务的核算。

【资料】东海公司为一般纳税人,2024年12月发生如下经济业务:

(1) 6日,销售甲产品500件,每件1 500元,价款750 000元,增值税税率为13%;款项收到并存入银行。

(2) 9日,销售给雄鹰公司乙产品600件,每件1 800元,价款1 080 000元,增值税税率为13%,产品已发出,收到一张已承兑的商业汇票。

(3) 10日,用银行存款支付产品销售广告费84 800元(含增值税,适用税率6%)。

(4) 10日,销售给昆仑公司甲产品400件,每件1 500元,价款600 000元;乙产品200件,每件1 800元,价款360 000元;增值税税率为13%;并以银行存款支付代垫运杂费6 000元。上述款项尚未收到。

(5) 17日,出售不需用A材料一批,价款12 000元,增值税税率为13%,款项已收。

(6) 23日,收到昆仑公司的款项1 090 800元。

(7) 31日,结转本月销售A材料的成本10 000元。

(8) 31日,结转本月已销甲产品成本900 000元,乙产品成本892 000元。

(9) 31日,计算并结转本月应交城市维护建设税(税率为7%)和教育费附加(费率为3%)。

【要求】根据上述经济业务编制会计分录。

任务五　财务成果业务的核算

一、填空题

1. 利润是指企业在＿＿＿＿＿＿＿＿＿的经营成果,包括＿＿＿＿＿＿＿＿＿＿＿＿＿＿＿＿、＿＿＿＿＿＿＿＿＿＿＿＿＿＿＿＿＿＿＿＿等。
2. 利润由＿＿＿＿＿＿＿＿、＿＿＿＿＿＿＿＿和＿＿＿＿＿＿＿＿三个层次构成。
3. 营业利润＝＿＿＿＿＿＿＿＿＿＿＿＿＿＿＿＿＿＿＿＿＿＿＿＿＿＿＿＿＿＿＿。
4. 利润总额＝＿＿＿＿＿＿＿＿＿＿＿＿＿＿＿＿＿＿＿＿＿＿＿＿＿＿＿＿＿。
5. 净利润＝＿＿＿＿＿＿＿＿＿＿＿＿＿＿。
6. 营业外收入是指企业发生的＿＿＿＿＿＿＿＿＿＿＿＿＿＿＿＿＿＿＿＿＿＿＿＿,主要包括＿＿＿＿＿＿＿＿＿＿＿＿、＿＿＿＿＿＿＿＿＿＿＿＿、＿＿＿＿＿＿＿＿＿＿＿＿＿＿等。
7. 营业外支出是指企业发生的＿＿＿＿＿＿＿＿＿＿＿＿＿＿＿＿＿＿＿＿＿＿＿＿,主要包括＿＿＿＿＿＿＿＿＿＿＿＿、＿＿＿＿＿＿＿＿＿＿＿＿、＿＿＿＿＿＿＿＿＿＿＿＿、＿＿＿＿＿＿＿＿＿等。
8. 企业期末将所有损益类账户余额结转至＿＿＿＿＿＿＿＿＿＿＿＿＿＿＿账户。若企业年终实现净利润,则应将＿＿＿＿＿＿＿＿＿账户的＿＿＿方余额转入＿＿＿＿＿＿＿＿＿账户的＿＿＿方;若企业年终为净亏损,则应将＿＿＿＿＿＿＿＿＿账户的＿＿＿方余额转入＿＿＿＿＿＿＿＿＿账户的＿＿＿方。
9. "本年利润"账户平时期末贷方余额,表示企业＿＿＿＿＿＿＿＿＿＿＿＿＿＿;平时期末借方余额,表示企业_____。

10. "利润分配"账户期末贷方余额表示_____,借方余额表示_____。

11. 应纳税所得额=_____。
    应纳所得税额=_____。

12. 企业当年实现的净利润,在弥补完以前年度未弥补亏损之后,除法律、行政法规另有规定外,分配顺序为:(1)_____;(2)_____;(3)_____等。

13. 利润总额,又称_____。

二、单项选择题

1. 根据《企业会计准则》的规定,企业的公益性捐赠支出应记入( )账户。
   A."财务费用"　　　　　　　　B."其他业务成本"
   C."管理费用"　　　　　　　　D."营业外支出"

2. 对于采用账结法计算利润的企业,"本年利润"账户年内贷方余额表示( )。
   A. 利润总额　　　　　　　　　B. 累计净利润额
   C. 亏损总额　　　　　　　　　D. 未分配利润额

3. 某企业2023年10月31日所有者权益情况如下:实收资本3 000万元,资本公积150万元,盈余公积230万元,未分配利润350万元,则该企业月末留存收益应为( )万元。
   A. 230　　　　B. 350　　　　C. 580　　　　D. 730

4. "所得税费用"账户属于( )。
   A. 资产类账户　B. 负债类账户　C. 成本类账户　D. 损益类账户

5. 年终结转后,"利润分配"账户的贷方余额表示( )。
   A. 历年积存的未分配利润　　　B. 历年积存的未弥补亏损
   C. 本期实现的净利润　　　　　D. 本期实现的利润总额

6. 下列各项中,不会引起利润总额增减变化的是( )。
   A. 销售费用　B. 管理费用　C. 所得税费用　D. 营业外支出

7. "利润分配——未分配利润"账户的借方余额表示( )。
   A. 本期实现的净利润　　　　　B. 本期发生的净亏损
   C. 尚未分配的利润　　　　　　D. 尚未弥补的亏损

8. "利润分配"账户属于( )账户。
   A. 资产类　　B. 负债类　　C. 利润类　　D. 所有者权益类

9. 某公司本会计期间的主营业务收入为1 000万元,主营业务成本为600万元,其他业务收入为23万元,其他业务成本为14万元,税金及附加为80万元,销售费用为50万元,管理费用为30万元,财务费用为9万元,营业外收入为18万元,营业外支出为8万元,应交所得税按利润总额25%计算,其营业利润、利润总额、净利润分别为( )万元。

A. 240、230、172.5 B. 410、240、180
C. 329、240、180 D. 240、250、187.5

10. 企业计算应交所得税时,正确的会计分录是（　　）。
　　A. 借：本年利润　　　　　　　　B. 借：管理费用
　　　　贷：所得税费用　　　　　　　　　贷：所得税费用
　　C. 借：所得税费用　　　　　　　D. 借：所得税费用
　　　　贷：应交税费——应交所得税　　　贷：银行存款

三、多项选择题

1. 下列各项中,能够影响企业营业利润的项目有（　　）。
　　A. 已销商品的成本　　　　　　　B. 原材料的销售收入
　　C. 捐赠支出　　　　　　　　　　D. 商品的销售收入

2. 下列各项内容中,会导致企业利润总额减少的有（　　）。
　　A. 财务费用　　B. 管理费用　　C. 营业外支出　　D. 所得税费用

3. 下列各项中,不应确认为营业外收入的有（　　）。
　　A. 存货盘盈　　　　　　　　　　B. 固定资产出租收入
　　C. 固定资产盘盈　　　　　　　　D. 无法查明原因的现金溢余

4. 下列各项中,应确认为营业外支出的有（　　）。
　　A. 公益性捐赠支出　　　　　　　B. 无形资产出售损失
　　C. 固定资产盘亏损失　　　　　　D. 固定资产减值损失

5. 下列各项中,作为当期营业利润增加项目的有（　　）。
　　A. 销售方负担的运费　　　　　　B. 转让股权投资获得的收益
　　C. 出售材料的收入　　　　　　　D. 取得的罚没收入

6. 下列各项中,影响当期利润表中净利润的有（　　）。
　　A. 固定资产盘亏　　　　　　　　B. 确认所得税费用
　　C. 对外捐赠　　　　　　　　　　D. 无形资产出售利得

7. 期末损益类账户结转时,"本年利润"账户贷方的对应账户可能有（　　）。
　　A. "主营业务收入"　　　　　　　B. "其他业务成本"
　　C. "其他业务收入"　　　　　　　D. "投资收益"

8. 下列各项中,关于"本年利润"账户说法正确的有（　　）。
　　A. 各月末余额反映自年初开始至当月末为止累计实现的净利润或净亏损
　　B. 年终结转后无余额
　　C. 平时月份期末余额可能在借方,也可能在贷方
　　D. 各月末余额反映当月实现的净利润或净亏损

9. 企业当年实现利润总额100万元,按25%的企业所得税税率计算,本年度应交企业所得税为25万元,则该项经济业务涉及的账户有（　　）。
　　A. "应交税费"　　B. "税金及附加"　　C. "银行存款"　　D. "所得税费用"

10. 企业利润总额的构成包括（　　）。

A. 所得税费用　　B. 营业利润　　C. 营业外收入　　D. 营业外支出
11. 下列各项中,期末余额转入"本年利润"账户的有(　　)。
   A. 财务费用　　B. 生产成本　　C. 投资收益　　D. 制造费用
12. 企业利润分配的内容有(　　)。
   A. 计算缴纳企业所得税　　　　B. 提取法定盈余公积
   C. 提取任意盈余公积　　　　　D. 向投资者分配股利

四、判断题

1. "管理费用"和"本年利润"账户都是损益类账户。（　）
2. 确实无法支付的应付账款,经批准后应转入"资本公积"账户。（　）
3. 企业的利得和损失包括直接计入所有者权益的利得和损失以及直接计入当期利润的利得和损失。（　）
4. 期末结账前,"投资收益"账户如为借方余额,则应从该账户的贷方结转记入"本年利润"账户的借方。（　）
5. 企业所得税是一项费用支出,而非利润分配。（　）
6. 年度终了,只有在企业盈利的情况下,才应将"本年利润"账户的本年累计余额转入"利润分配——未分配利润"账户。（　）
7. 年度终了,除"未分配利润"明细账户外,"利润分配"账户下的其他明细账户应当无余额。（　）
8. 企业的所得税费用一定等于企业的利润总额乘以企业所得税税率。（　）
9. 企业以前年度亏损未弥补完,则不能提取法定盈余公积和任意盈余公积。（　）
10. 不管企业期初是否存在未弥补的亏损,当期计提法定盈余公积的基数都是当期实现的净利润。（　）
11. 企业发生的营业外支出,应当计入企业当期的利润总额。（　）
12. 期末,企业应将"本年利润"账户余额结转记入"利润分配"账户。（　）
13. 企业期末结转利润时,应将收入和利得类账户的余额转入"本年利润"账户的贷方,费用和损失类账户的余额转入"本年利润"账户的借方,结平损益类账户。（　）

五、实训题

【目的】练习并巩固财务成果业务的核算。

【资料】东海公司为一般纳税人,2024年11月30日"本年利润"账户贷方余额为4 000 000元。2024年12月发生如下经济业务:

(1) 18日,以银行存款支付产品展览费20 000元。
(2) 25日,以银行存款向中国红十字会捐款100 000元。
(3) 26日,收到捐赠收入50 000元,存入银行。
(4) 27日,收到对外投资分得的利润80 000元,存入银行。
(5) 31日,计提本月短期借款利息2 000元。
(6) 31日,以银行存款支付业务招待费8 000元。

(7) 31日,结转本月实现的各项收入和利得。其中,主营业务收入2 790 000元,其他业务收入12 000元,投资收益80 000元,营业外收入50 000元。

(8) 31日,结转本月发生的各项费用和损失。其中,主营业务成本1 792 000元,其他业务成本10 000元,税金及附加3 342元,销售费用222 000元,财务费用4 700元,管理费用159 730元,营业外支出100 000元。

(9) 31日,按实现的利润总额计算并结转本月所得税费用(企业所得税税率25%)。

(10) 31日,结转全年实现的净利润。

(11) 31日,按全年净利润的10%提取法定盈余公积。

(12) 31日,经董事会决定,宣布向投资者分配利润300 000元。

(13) 31日,用盈余公积转增资本500 000元。

(14) 31日,结平"利润分配"账户所辖的其他明细账户。

【要求】

(1) 根据上述经济业务编制会计分录。

(2) 计算本月实现的营业利润、利润总额、净利润。

项目六 填制和审核会计凭证

任务一 认知会计凭证

一、填空题

1. 原始凭证通常由_____在经济业务_____取得或填制,是进行_____的原始资料和重要依据。
2. 记账凭证通常由企业的_____填制,是_____的直接依据。
3. 会计凭证按其载体分类,可以分为_____和_____。

二、单项选择题

1. 会计凭证按( )分类,分为原始凭证和记账凭证。
    A. 填制程序和用途　　　　　　　B. 来源
    C. 填制方法　　　　　　　　　　D. 反映的内容
2. 登记账簿的依据是( )。
    A. 会计科目　　B. 财务报表　　C. 会计凭证　　D. 会计账户
3. 下列各项中,关于原始凭证和记账凭证说法正确的是( )。
    A. 记账凭证是记录和证明经济业务发生或完成情况的原始凭据
    B. 原始凭证不可以作为登记账簿的依据
    C. 原始凭证是填制记账凭证的依据
    D. 记账凭证是填制原始凭证的依据
4. 将记账凭证划分为专用记账凭证和通用记账凭证的依据是( )。
    A. 凭证的填列方式　　　　　　　B. 凭证的格式
    C. 凭证填制的手续　　　　　　　D. 凭证的用途
5. 载明会计分录的会计凭证是( )。
    A. 记账凭证　　　　　　　　　　B. 纸质会计凭证
    C. 原始凭证　　　　　　　　　　D. 电子会计凭证
6. ( )是记录或证明经济业务的发生或完成情况的原始凭据。
    A. 记账凭证　　B. 原始凭证　　C. 通用凭证　　D. 专用凭证

三、多项选择题

1. 关于会计凭证的内容,以下说法正确的有( )。

A. 会计凭证是记录经济业务发生或者完成情况的书面证明,也是登记账簿的依据
B. 只有经过审核无误的会计凭证才能作为登记账簿的依据
C. 会计凭证可以起到记录经济业务,提供记账依据的作用
D. 原始凭证是介于记账凭证与会计账簿之间的中间环节
2. 下列各项中,关于原始凭证与记账凭证区别的说法正确的有( )。
A. 原始凭证大多是由经办人员填制,记账凭证一律由本单位的会计人员填制
B. 原始凭证是根据已经发生或完成的经济业务填制,记账凭证是根据审核后的原始凭证填制
C. 原始凭证只是经济业务发生时的原始证明,记账凭证则要依据会计科目对已经发生的经济业务进行归类
D. 原始凭证是填制记账凭证的依据,记账凭证是登记会计账簿的直接依据
3. 会计凭证的作用有( )。
A. 记录经济业务,提供记账依据   B. 明确经济责任,强化内部控制
C. 记录必须真实,内容必须完整   D. 监督经济活动,控制经济运行
4. 下列各项中,属于原始凭证的有( )。
A. 银行结算凭证   B. 通用凭证   C. 报销单据   D. 纸质会计凭证

四、判断题
1. 原始凭证通常由企业的会计人员填制。( )
2. 原始凭证和记账凭证都是登记账簿的依据。( )
3. 记录企业经济业务发生和完成情况的书面证明是原始凭证。( )
4. 审核无误的会计凭证才可以作为记账依据。( )
5. 专用记账凭证简称专用凭证。( )

任务二 填制和审核原始凭证

一、填空题
1. 经济业务发生或完成时,从其他单位或个人直接取得的原始凭证为_____;由本单位有关部门和人员在执行或完成某项经济业务时自行填制的原始凭证为_____。
2. 原始凭证按照格式不同,可分为_____和_____。
3. 审核原始凭证是确保会计信息准确性和完整性的关键步骤,其包含的主要内容为审核原始凭证的_____、_____、_____、_____、_____和_____。

二、单项选择题
1. 原始凭证按照填制手续及内容不同,可以分为( )。

A. 通用凭证和专用凭证　　　　　　B. 收款凭证、付款凭证和转账凭证
C. 外来原始凭证和自制原始凭证　　D. 一次凭证、累计凭证和汇总凭证

2. 下列各项中,不属于原始凭证基本内容的是(　　)。
   A. 接收凭证单位的全称　　　　　　B. 交易或事项的内容、数量、单价和金额
   C. 经办人员签名或盖章　　　　　　D. 应记会计科目名称和记账方向

3. 经审核的原始凭证应根据不同情况处理,下列处理方法不正确的是(　　)。
   A. 对于完全符合要求的原始凭证,应及时据以编制记账凭证入账
   B. 对于不真实、不合法的原始凭证,会计机构和会计人员有权不予受理。对弄虚作假、严重违法的原始凭证,应当予以扣留,并向单位负责人报告
   C. 对于不完全符合要求的自制原始凭证,可先行编制记账凭证,以保证账务的及时处理,随后必须保证补充完整
   D. 对于真实、合法、合理但内容不够完整、填写有错误的原始凭证,应退回给有关经办人员,由其负责将有关凭证补充完整、更正错误或重开后,再办理正式会计手续

4. 根据连续反映某一时期内不断重复发生而分次进行的特定业务编制的原始凭证是(　　)。
   A. 一次凭证　　　B. 累计凭证　　　C. 记账凭证　　　D. 汇总原始凭证

5. 在原始凭证上书写阿拉伯数字,错误的做法是(　　)。
   A. 合计金额数字前书写货币币种符号
   B. 币种符号与合计金额数字之间要留有适当空白
   C. 币种符号与金额数字之间不得留有空白
   D. 数字前写有币种符号的,数字后不再书写货币单位

6. 下列各项中,属于外来原始凭证的是(　　)。
   A. 购买材料的增值税专用发票　　　B. 收料单
   C. 销售产品的增值税专用发票　　　D. 限额领料单

7. 会计机构、会计人员对于不真实、不合法的原始凭证,应当(　　)。
   A. 予以受理　　　　　　　　　　　B. 不予受理
   C. 予以扣留并向单位领导报告　　　D. 予以退回,要求更正、补充

8. 工资结算汇总表是一种(　　)。
   A. 一次凭证　　　B. 累计凭证　　　C. 汇总凭证　　　D. 复式凭证

9. 下列各项中,不属于自制原始凭证的是(　　)。
   A. 领料单　　　　B. 成本计算单　　C. 动车票　　　　D. 收料单

10. 下列各项中,属于累计凭证的是(　　)。
    A. 领料单　　　　　　　　　　　　B. 发出材料汇总表
    C. 工资结算汇总表　　　　　　　　D. 限额领料单

11. 下列各项中,属于通用凭证的是(　　)。
    A. 折旧计算表　　　　　　　　　　B. 工资结算单
    C. 差旅费报销单　　　　　　　　　D. 增值税专用发票

三、多项选择题

1. 下列各项中,属于自制原始凭证的有(　　)。
   A. 领料单　　　　　　　　　　　　B. 盘点实存账存对比表
   C. 购货发票　　　　　　　　　　　D. 印花税票
2. 下列各项中,属于原始凭证填制要求的有(　　)。
   A. 记录真实　　B. 内容完整　　C. 手续完整　　D. 书写规范
3. 对原始凭证发生的错误,正确的更正方法有(　　)。
   A. 由出具单位重开或更正
   B. 由本单位的会计人员代为更正
   C. 金额发生错误的,可由出具单位在原始凭证上更正
   D. 金额发生错误的,应当由出具单位重开
4. 原始凭证的基本内容包括(　　)。
   A. 原始凭证名称　　　　　　　　　B. 接受原始凭证的单位名称
   C. 经济业务的性质　　　　　　　　D. 数量、单价和金额
5. 下列各项中,属于汇总凭证的有(　　)。
   A. 领料登记表　　　　　　　　　　B. 发料凭证汇总表
   C. 限额领料单　　　　　　　　　　D. 工资结算汇总表
6. 下列各项中,属于一次凭证的有(　　)。
   A. 收据　　　　　B. 发票　　　　C. 工资结算单　　D. 工资汇总表
7. 下列各项中,不属于原始凭证的有(　　)。
   A. 折旧计算表　　B. 预算会议纪要　C. 生产计划　　　D. 委托加工协议
8. 原始凭证的审核内容包括(　　)。
   A. 有关数量、单价、金额是否正确无误　B. 是否符合有关的计划和预算
   C. 记录的经济业务的发生时间　　　　　D. 有无违反财经制度的行为

四、判断题

1. 对于真实、合法、合理但内容不够完善、填写有错误的原始凭证,会计机构和会计人员不予受理。(　　)
2. 原始凭证发生错误的,正确的更正方法是由出具单位在原始凭证上更正。(　　)
3. 发出材料汇总表属于汇总原始凭证。(　　)
4. 自制原始凭证都是一次凭证,外来原始凭证绝大多数是一次凭证。(　　)
5. 原始凭证的要素至少包括原始凭证名称、填制原始凭证的日期、经济业务内容(含数量、单价、金额等)、记账标记和凭证附件。(　　)
6. 自制原始凭证的填制,都应由会计人员填写,以保证原始凭证填制的正确性。(　　)
7. 审核原始凭证的正确性,就是要审核原始凭证所记录的经济业务是否符合企业生产经营活动的需要、是否符合有关的计划和预算。(　　)
8. 原始凭证是记录经济业务发生和完成情况的书面证明,也是登记账簿的唯一依据。
(　　)

五、实训题

【目的】填制原始凭证。

【资料】(1) 企业基本情况如表 6-1 所示。

表 6-1　企业基本情况

企业名称	广州市六和有限公司
法人代表	赵文秀
会计主管	李丹
会　　计	李明
出 纳 员	刘芳,身份证号码:440203198605232345,发证机关:广州市公安局白云区公安分局
住址、邮编	广州市白云路 48 号　510068
电　　话	020-12345678
纳税人识别号	440103456789000HOF
开户银行、账号	中国工商银行广州市白云路支行　3602223093388866733
主营业务	生产销售产品

(2) 2023 年 9 月 8 日,向广州市春光有限公司销售甲产品 1 100 套,不含税单价 2 000 元/套,增值税税率 13%。广州市春光有限公司的基本信息如表 6-2 所示。

表 6-2　企业基本信息

公司名称	纳税人识别号	地址和电话	开户银行	开户账号
广州市春光有限公司	440123456789222DOX	增城荔城路 188 号,020-36754321	中国工商银行荔城支行	3602223409577603611

【要求】请根据以上信息,以会计身份完成增值税专用发票的填制,见附表 6-1。

任务三　填制和审核记账凭证

一、填空题

1. 记账凭证可按不同的标准进行分类,按照用途可分为_____和_____ _____;按照填列方式可分为_____和_____。
2. 对现金和银行存款之间及各种银行存款之间相互划转的业务,一般只填制_____

_____,不填制_____。
3. 会计凭证的传递是指会计凭证从_____时起,经过_____、_____、_____到_____为止,在单位内部各有关部门和人员之间,按照规定的时间、手续进行处理和移交的程序。

二、单项选择题

1. 业务少、凭证不多的小型企业,对全部经济业务可以使用一种统一的记账凭证的是( )。
   A. 转账凭证　　　　　　　　B. 通用记账凭证
   C. 现金收款凭证　　　　　　D. 银行存款付款凭证

2. 下列各项中,属于记账凭证审核的内容是( )。
   A. 经济业务是否符合会计主体经济活动的需要
   B. 科目是否正确
   C. 经济业务是否符合国家有关政策的规定
   D. 凭证所列事项是否符合有关的计划和预算

3. 下列各项中,应填制现金付款凭证的经济业务是( )。
   A. 将现金存入银行　　　　　B. 从银行提取现金
   C. 出售产品一批,收到一张转账支票　　D. 出售多余材料,收到现金

4. 折旧计算表属于( )。
   A. 转账凭证　　B. 自制原始凭证　　C. 收款凭证　　D. 付款凭证

5. 下列各项中,不属于原始凭证的是( )。
   A. 差旅费报销单　　B. 领料单　　C. 借项凭证　　D. 发货票

6. 企业购进原材料 60 000 元,款项未付。该笔经济业务应编制的记账凭证是( )。
   A. 收款凭证　　B. 付款凭证　　C. 转账凭证　　D. 以上均可

7. 下列经济业务中,应填制转账凭证的是( )。
   A. 职工借支差旅费 3 000 元　　　　B. 以库存现金 580 元购买办公用品
   C. 销售产品收入存款 30 000 元　　　D. 购入设备一台 80 000 元,款项未付

8. 出纳到开户银行提取现金 2 000 元,单位会计人员应根据有关原始凭证填制( )。
   A. 现金收款凭证　　　　　　B. 现金付款凭证
   C. 银行存款付款凭证　　　　D. 银行存款收款凭证

9. 下列各项中,可以不附原始凭证的是( )。
   A. 所有收款凭证　　　　　　B. 所有付款凭证
   C. 所有转账凭证　　　　　　D. 用于结账的记账凭证

10. 付款凭证左上角的"贷方科目"可能登记的科目是( )。
    A. "预付账款"　　B. "银行存款"　　C. "预收账款"　　D. "其他应付款"

11. 下列各项中,应编制收款凭证的业务是( )。
    A. 购买原材料,用银行存款支付　　B. 收到销售商品的款项
    C. 购买固定资产,款项尚未支付　　D. 销售商品,收到一张商业汇票

12. 将库存现金送存银行，应填制的记账凭证是（　　）。
    A. 库存现金收款凭证　　　　　　　B. 库存现金付款凭证
    C. 银行存款收款凭证　　　　　　　D. 银行存款付款凭证
13. 填制记账凭证时，做法错误的是（　　）。
    A. 根据每一笔经济业务的原始凭证填制
    B. 根据若干笔同类经济业务的原始凭证汇总后填制
    C. 将若干笔不同类型经济业务的原始凭证汇总后填制
    D. 根据原始凭证汇总表编制
14. 下列各项中，可以不附原始凭证的记账凭证是（　　）。
    A. 更正错账的记账凭证　　　　　　B. 职工临时性预借款项的记账凭证
    C. 由银行代发工资的记账凭证　　　D. 从银行提取现金的记账凭证

三、多项选择题

1. 下列各项中，属于记账凭证基本内容的有（　　）。
    A. 记账凭证的名称　　　　　　　　B. 经济业务所涉及的会计科目
    C. 填制单位财务公章　　　　　　　D. 记账标记
2. 下列各项中，属于记账凭证审核内容的有（　　）。
    A. 内容是否真实　　B. 项目是否齐全　　C. 科目是否正确　　D. 书写是否合理
3. 收款凭证左上角"借方科目"填写的会计科目可能有（　　）。
    A. "银行存款"　　　　　　　　　　B. "主营业务收入"
    C. "库存现金"　　　　　　　　　　D. "应收账款"
4. 记账凭证的正确编号方法有（　　）。
    A. 按全部经济业务顺序对通用记账凭证进行统一编号
    B. 根据所选用的记账凭证种类统一编号
    C. 可以按收、付、转凭证分别编号
    D. 一项业务需使用若干张记账凭证时，可以采用分数编号法编号
5. 下列各项中，关于记账凭证的相关说法正确的有（　　）。
    A. 记账凭证上的日期是指经济业务发生的日期
    B. 对于涉及库存现金和银行存款之间的经济业务，一般只编制收款凭证
    C. 出纳人员不能直接依据有关收、付款业务的原始凭证办理收、付款业务
    D. 出纳人员必须根据经会计主管或其指定人员审核无误的收、付款凭证办理收、付款业务
6. 下列各项中，应填制转账凭证的经济业务有（　　）。
    A. 投资者以设备对企业投资　　　　B. 投资者以货币资金对企业投资
    C. 购买材料，货款暂欠　　　　　　D. 销售商品，尚未收到货款

四、判断题

1. 记账凭证按照用途不同可分为单式记账凭证和复式记账凭证。　　　　　　　　（　　）

2. 检查记账凭证中有关项目是否完备、有关人员签章是否完备,是记账凭证审核中的合法性审核。（　　）
3. 付款凭证左上角的会计科目为贷方科目。（　　）
4. 为了简化核算工作,可以将不同内容和类别的原始凭证汇总填制在一张记账凭证上。（　　）
5. 所有的记账凭证都必须附有原始凭证。（　　）
6. 记账凭证是否附有原始凭证、所附原始凭证的张数是否齐全,是审核记账凭证的内容。（　　）
7. 凡是现金或银行存款增加的经济业务必须填制收款凭证,不填制付款凭证。（　　）
8. 根据几笔同类经济业务的原始凭证填制一张记账凭证时,可采用分数编号法。（　　）

五、实训题

实训一

【目的】掌握填制专用记账凭证的方法。

【资料】某公司2024年5月发生以下业务:

(1) 8日,收到甲公司上月所欠的货款20 000元存入银行(本月第3笔银行存款收款业务,原始凭证2张)。

(2) 13日,用现金购买管理部门办公用品100元(本月第5笔现金付款业务,原始凭证2张)。

(3) 17日,购进机器设备一套,价款20 000元,增值税2 600元,开出转账支票(本月第8笔银行存款付款业务,原始凭证4张)。

(4) 21日,开出现金支票,从银行提取现金5 000元备用(本月第16笔银行存款付款业务,原始凭证1张)。

(5) 31日,月末计提固定资产折旧。其中,车间计提32 000元,行政部门计提2 000元(本月第7笔该类业务,原始凭证1张)。

【要求】

(1) 请根据上述经济业务填制专用记账凭证,见附表6-2至附表6-6。

(2) 复核人对记账凭证进行审核。

实训二

【目的】掌握填制通用记账凭证的方法。

【资料】东海公司2024年12月前7笔经济业务见项目五任务一至任务四实训题,经济业务发生的时间顺序见附录2。

【要求】

(1) 请根据资料对前7笔经济业务填制通用记账凭证,见附表6-7至附表6-13。

(2) 复核人对记账凭证进行审核。

项目七 登记会计账簿

任务一 认知会计账簿

一、填空题

1. 会计账簿,简称_____,是指由一定格式的、按一定形式相互联结的_____组成的,以审核无误的_____为依据,连续、系统、全面地记录各项经济业务的簿籍。
2. 设置和登记会计账簿,既是_____的延伸,也是_____的基础,是连接_____和_____的中间环节。
3. 账簿中的_____是账户的具体存在形式和载体,账簿与账户的关系是_____和_____的关系。
4. 设置和登记会计账簿的作用主要有:(1)_____;(2)_____;(3)_____;(4)_____。
5. 各种账簿都应具备_____、_____、_____等基本内容。
6. 序时账簿,又称_____,是按照经济业务发生时间的先后顺序_____、_____登记的账簿。
7. 分类账簿是按照_____设置登记的账簿。分类账簿是_____的主体,也是编制_____的主要依据。
8. 明细分类账簿,又称_____,是根据_____开设的账簿。
9. 备查账簿,又称_____或补充登记簿,是指对某些在_____和_____中未能记载或记载不全的经济业务进行补充登记的账簿。
10. 三栏式账簿是设有_____、_____和_____三个金额栏目的账簿。
11. 数量金额式账簿是在账簿的借方、贷方和余额三个栏目内,每个栏目再分设_____、_____和_____三小栏的账簿。

二、单项选择题

1. 能够总括反映企业某一经济业务增减变动的会计账簿是(   )。
   A. 总分类账   B. 序时账   C. 两栏式账   D. 备查账
2. 按照(   ),可以把账簿分为序时账簿、分类账簿和备查账簿。
   A. 外形特征   B. 账页格式   C. 账户用途   D. 账簿的性质
3. 在我国,总分类账应选用(   )。

A. 活页式账簿 B. 自己认为合适的账簿
C. 卡片式账簿 D. 订本式账簿
4. 下列各项中,应使用多栏式账簿的是(   )。
   A. 应收账款明细账 B. 管理费用明细账
   C. 库存商品 D. 原材料
5. 下列各项中,不采用订本式账簿的是(   )。
   A. 总分类账 B. 库存现金日记账
   C. 银行存款日记账 D. 固定资产明细账
6. 下列各项中,不适合建立备查账的是(   )。
   A. 租入的固定资产 B. 应收票据
   C. 受托加工材料 D. 购入的固定资产
7. 下列各项中,连接会计凭证和会计报表的中间环节是(   )。
   A. 复式记账 B. 设置会计科目和账户
   C. 设置和登记账簿 D. 编制会计分录
8. "库存商品"账户的明细账一般采用(   )。
   A. 三栏式明细账 B. 多栏式明细账
   C. 数量金额式明细账 D. 横线登记式明细账
9. 下列各项中,宜采用三栏式账页的明细账户是(   )。
   A. "管理费用" B. "销售费用" C. "库存商品" D. "应收账款"
10. 下列各项中,可以采用卡片式账簿的是(   )。
    A. 库存现金日记账 B. 库存商品明细账
    C. 制造费用明细账 D. 固定资产明细账

三、多项选择题

1. 下列各项中,可采用三栏式账簿进行明细分类账核算的账户有(   )。
   A. "库存商品" B. "应收账款" C. "管理费用" D. "实收资本"
2. 下列各项中,属于序时账的有(   )。
   A. 库存现金日记账 B. 银行存款日记账
   C. 主营业务收入明细账 D. 应收账款明细账
3. 下列各项中,可以采用三栏式账簿的有(   )。
   A. 总账 B. 库存现金日记账
   C. 实收资本明细账 D. 应收账款明细账
4. 下列各项中,属于账页内容的有(   )。
   A. 账户名称 B. 凭证的种类和号数
   C. 总页次和分户页次 D. 摘要栏
5. 下列各项中,适合采用多栏式格式账簿核算的有(   )。
   A. 原材料明细账 B. 制造费用明细账
   C. 库存商品明细账 D. 生产成本明细账

6. 账簿按账页格式不同,可以分为( )。
   A. 分类账簿　　　　　　　　　B. 三栏式账簿
   C. 多栏式账簿　　　　　　　　D. 数量金额式账簿

四、判断题

1. 账簿是账户的外在形式,账簿也是账户的实质内容。　　　　　　　　( )
2. 备查账簿通常根据单位的实际需要设置,其账页格式要求与分类账簿的格式要求相同。　　　　　　　　　　　　　　　　　　　　　　　　　　　　　( )
3. 三栏式账簿是指具有日期、摘要、金额三个栏目格式的账簿。　　　　( )
4. 为便于管理,"应收账款""应付账款"的明细账必须采用多栏式明细分类账格式。
　　　　　　　　　　　　　　　　　　　　　　　　　　　　　　　　( )
5. 库存现金日记账和银行存款日记账必须采用订本式账簿。　　　　　　( )
6. 每个单位都应设置备查账簿。　　　　　　　　　　　　　　　　　　( )
7. 在明细账的核算中,只需要进行金额核算的,必须使用三栏式明细账。　( )
8. 固定资产卡片是固定资产总账。　　　　　　　　　　　　　　　　　( )

五、实训题

【目的】明确设置会计账簿的规范。
【资料】某公司 2023 年 1 月相关账户期初余额如下:
(1)"库存现金"账户期初借方余额为 1 060 元。
(2)有关明细账期初余额,如表 7-1 所示。

表 7-1　有关明细账期初余额　　　　　　　　　　　　金额单位:元

账户名称	明细账户	单位	数量	单价	金额
原材料	zn 晶圆	片	200	500	100 000
应付账款	上海东方晶圆公司				(贷)300 000

【要求】在建账前选择账簿的账页格式,并说明理由,填写附表 7-1。

任务二　启用、登记会计账簿

一、填空题

1. 凡需要结出余额的账户,期末没有余额时,应当在"借"或"贷"栏内标明"_____"字样,并在余额栏内用"—0—"表示。
2. 库存现金日记账和银行存款日记账必须_____结出余额。

3. 对需要结计本月发生额的账户,结计"过次页"的本页合计数应当为自_____初起至_____末止的发生额合计数。
4. 平行登记是指对所发生的每项经济业务都要以_____为依据,一方面记入有关_____账户,另一方面记入_____账户的方法。
5. 总分类账户与明细分类账户平行登记的要点是:_____,_____,_____。

二、单项选择题

1. 库存现金是由( )经管的。
   A. 稽核人员　　　B. 会计主管　　　C. 出纳人员　　　D. 单位负责人
2. 下列各项中,不可以用红色墨水记账的情况是( )。
   A. 冲账的记账凭证,冲销错误记录
   B. 在不设借、贷等栏的多栏式账页中,登记减少数
   C. 在三栏式账户的余额栏前,印明余额方向的,在余额栏内登记负数余额
   D. 在三栏式账户的余额栏前,未印明余额方向的,在余额栏内登记负数余额
3. 下列各项中,不能作为登记总分类账直接依据的是( )。
   A. 记账凭证　　　B. 原始凭证　　　C. 科目汇总表　　　D. 汇总记账凭证
4. 出纳人员应在每日业务终了时,将库存现金日记账与( )核对,做到账实相符。
   A. 收付款凭证　　　　　　　　B. 库存现金总分类账
   C. 库存现金　　　　　　　　　D. 银行存款日记账
5. 下列各项中,登记账簿做法正确的是( )。
   A. 文字或数字的书写必须占满格　　B. 书写可以使用蓝黑墨水、圆珠笔或铅笔
   C. 发生的空行、空页一定要补充书写　D. 用红字冲销错误记录
6. 能够总括反映企业某一类经济业务增减变动情况的会计账簿是( )。
   A. 总分类账　　　B. 明细分类账　　　C. 日记账　　　D. 备查账
7. 下列各项中,关于登记账簿说法不正确的是( )。
   A. 凡需要结出余额的账户,结出余额后,应当在"借或贷"等栏内写明"借"或者"贷"等字样
   B. 没有余额的账户,应当在"借或贷"栏内写"——",并在余额栏内用"0"表示
   C. 库存现金日记账必须逐日结出余额
   D. 银行存款日记账必须逐日结出余额
8. 下列各项中,属于会计账簿主体且为编制会计报表主要依据的账簿是( )。
   A. 日记账　　　B. 分类账　　　C. 备查账　　　D. 订本账
9. 下列各项中,关于从银行提取库存现金业务的说法正确的是( )。
   A. 根据库存现金收款凭证登记银行存款日记账
   B. 根据库存现金收款凭证登记库存现金日记账
   C. 根据银行存款付款凭证和库存现金收款凭证登记库存现金日记账和银行存款日记账

        D. 根据银行存款付款凭证登记库存现金日记账和银行存款日记账
   10. 登账完毕后,要在(　　)上注明已经登账的符号,表示已经记账,并签名或者盖章。
        A. 会计账簿　　　B. 原始凭证　　　C. 会计报表　　　D. 记账凭证

三、多项选择题

1. 出纳人员可以登记和保管的账簿有(　　)。
   A. 库存现金日记账　　　　　B. 银行存款日记账
   C. 库存现金总账　　　　　　D. 银行存款总账
2. 明细分类账可以根据需要分别采用(　　)等不同格式的账页。
   A. 三栏式　　　B. 数量金额式　　　C. 多栏式　　　D. 横线登记式
3. 下列各项中,可以作为库存现金日记账借方登记的依据的有(　　)。
   A. 库存现金收款凭证　　　　B. 库存现金付款凭证
   C. 银行存款收款凭证　　　　D. 银行存款付款凭证
4. 下列各项中,适合采用多栏式明细账账页格式的账户有(　　)。
   A. "应收账款"　　　　　　　B. "主营业务收入"
   C. "管理费用"　　　　　　　D. "制造费用"
5. 总账与明细账的区别包括(　　)。
   A. 反映经济业务内容详细程度不同
   B. 作用不同,总账总括记录经济业务,明细账详细记录经济业务
   C. 记录的经济业务内容不同
   D. 登记账簿的依据不同
6. 总账与明细账的平行登记,其必然结果包括(　　)。
   A. 总账期初余额=所辖明细账期初余额合计
   B. 总账期末余额=所辖明细账期末余额合计
   C. 总账借方发生额=所辖明细账借方发生额合计
   D. 总账贷方发生额=所辖明细账贷方发生额合计

四、判断题

1. 对既不需要结计本月发生额也不需要结计本年累计发生额的账户,可以只将每页末的余额结转次页。(　　)
2. 总分类账与明细分类账的登记必须同时进行。(　　)
3. 账簿中书写的文字和数字上面要留有适当的空格,不要写满格,一般应占格距的1/2。(　　)
4. 库存现金日记账及银行存款日记账按规定应采用订本式账簿,总分类账和明细分类账既可以用订本账,也可以用活页账。(　　)
5. 在账簿记录中有可能出现红字。(　　)
6. "在途物资"明细账应该采用数量金额式账页格式。(　　)
7. 启用订本式账簿应当从第一页到最后一页顺序编定页数,不得跳页、缺号。(　　)

8. 库存现金日记账是由出纳人员根据审核无误的现金收、付款凭证和转账凭证按照经济业务的发生顺序逐日、逐笔登记。（　　）
9. 根据总分类账与明细分类账平行登记关系，可以检查总分类账与明细分类账的记录是否正确。（　　）
10. 启用订本式账簿应当从第一页到最后一页顺序编定页数，不得跳页、缺号。年度终了，订本式账簿剩余账页较多时可以把空白账页裁切下来用于来年登账，以免浪费。（　　）

五、计算题

某企业"主营业务收入"总账是需要结计本年累计发生额的账户，截至2023年12月20日的账户记录如图7-1所示。

会计科目　主营业务收入

2023年		会计凭证		摘要	借方	贷方	借或贷	余额
月	日	种类	号数		亿千百十万千百十元角分	亿千百十万千百十元角分		亿千百十万千百十元角分
11	1			承前页	44000000	44000000	平	0
	10	科汇	31	1-10日汇总过入		6600000		
	30	科汇	33	21-31日汇总过入	15400000	8800000		
	30			本月合计	15400000	15400000	平	
	30			本年累计	59400000	59400000		
12	10	科汇	34	1-10日汇总过入		5500000		
	20	科汇	35	11-20日汇总过入		8800000		
	20			过次页				

图7-1　账户记录

要求：结计12月20日"过次页"行的本页合计数，列出计算过程。

六、实训题

实训一

【目的】掌握登记日记账的方法。

【资料】东海公司2024年12月发生的经济业务见项目五任务一至任务五实训题，经济业务发生的时间顺序见附录2。库存现金日记账期初余额为10 053元。

【要求】登记库存现金日记账，见附表7-2。

实训二

【目的】掌握登记总账的方法。

【资料】东海公司2024年12月发生的经济业务见项目五任务一至任务五实训题，经济业务发生的时间顺序见附录2。库存商品总账期初余额为2 203 500元。

【要求】登记库存商品总账,见附表7-3。

实训三

【目的】掌握登记多栏式明细账的方法。
【资料】东海公司2024年12月发生的经济业务见项目五任务一至任务五实训题,经济业务发生的时间顺序见附录2。甲产品、乙产品均无期初期末在产品。
【要求】登记生产成本明细账,见附表7-4、附表7-5。

实训四

【目的】掌握登记横线登记式明细账的方法。
【资料】东海公司2024年12月发生的经济业务见项目五任务一至任务五实训题,经济业务发生的时间顺序见附录2。
【要求】登记"其他应收款——备用金"明细账,见附表7-6。

实训五

【目的】掌握登记数量金额式明细账的方法。
【资料】东海公司2024年12月发生的经济业务见项目五任务一至任务五实训题,经济业务发生的时间顺序见附录2。甲产品期初结存1 200件,每件1 000元;乙产品期初结存900件,每件1 115元。
【要求】登记库存商品明细账,见附表7-7、附表7-8。

任务三　对　　账

一、填空题

1. 对账就是核对账目,是对_____所进行的核对工作。
2. 通过对账,做到_____、_____和_____,从而为_____提供真实可靠的数据。
3. 账证核对是指将_____与_____进行核对。
4. 账实核对是指各项财产物资、债权债务等_____与_____之间的核对。
5. 账实核对通常是通过_____进行的。

二、单项选择题

1. 对账时,账账核对不包括(　　)。
   A. 总账各账户的余额核对　　　　B. 总账与明细账之间的核对
   C. 总账与日记账的核对　　　　　D. 总账与备查账之间的核对
2. 核对会计账簿账面余额与财产等实有数额是否相符,是对账内容中的(　　)。

A. 账证核对　　　　B. 账账核对　　　　C. 账实核对　　　　D. 账表核对

3. 下列各项中,关于登账和对账说法不正确的是(　　)。
   A. 出纳人员主要负责登记库存现金日记账和银行存款日记账
   B. 库存现金日记账由出纳人员根据审核无误的现金收、付款凭证和相关的银行存款付款凭证,逐日、逐笔顺序登记
   C. 银行存款日记账应该定期或不定期与开户银行提供的对账单进行核对,每月至少核对三次
   D. 库存现金日记账和银行存款日记账,应该定期与会计人员登记的库存现金总账和银行存款总账进行核对

4. 库存现金日记账应(　　)结出发生额和余额,并与库存现金核对。
   A. 每月　　　　B. 每十五日　　　　C. 每日　　　　D. 每三至五日

三、多项选择题

1. 下列各项中,属于账实核对的有(　　)。
   A. 库存现金日记账账面余额与现金实际库存数的核对
   B. 银行存款日记账账面余额与银行对账单的余额核对
   C. 财产物资明细账账面余额与财产物资实存数额的核对
   D. 应收、应付款明细账账面余额与债务、债权单位核对

2. 账账核对包括核对(　　)是否相等。
   A. 所有总账的借方发生额合计与贷方发生额合计
   B. 总账余额与所辖明细账余额合计
   C. 银行存款日记账和开户银行对账单
   D. 库存现金日记账和银行存款日记账的余额与其总账余额

3. 下列各项中,属于对账时账账核对的内容有(　　)。
   A. 总账与日记账的核对　　　　B. 总账与备查账之间的核对
   C. 总账各账户的余额核对　　　　D. 总账与明细账之间的核对

四、判断题

1. 账证相符是账账相符、账实相符的基础。　　　　　　　　　　　　　　　(　　)
2. 任何单位对账工作每年最多进行一次。　　　　　　　　　　　　　　　　(　　)
3. 对账工作主要在记账之后结账之前,即在月末进行。　　　　　　　　　　(　　)
4. 试算平衡无法起到总分类账簿之间核对的目的。　　　　　　　　　　　　(　　)
5. 会计机构有关实物资产的明细账与财产物资保管部门或使用部门的明细账定期核对的方法,一般是由财产物资保管部门或使用部门定期编制收发结存汇总表报会计机构核对。　　　　　　　　　　　　　　　　　　　　　　　　　　　(　　)

五、实训题

【目的】掌握总账和明细账之间的核对方法。

【资料】东海公司2024年12月登记的库存商品总账和明细账记录,见项目七任务二实训二和实训五的作业结果。

【要求】对库存商品总账和明细账进行月末对账,填制"库存商品"账户本期发生额及余额明细表,见附表7-9。

任务四　更　正　错　账

一、填空题

1. 错账更正的方法一般有＿＿＿＿＿＿、＿＿＿＿＿＿和＿＿＿＿＿＿三种。
2. 在记账过程中,如果发生了过账时将借方金额记入账簿贷方的记账方向颠倒的错误时,那么,采用＿＿＿＿＿这种错账查找方法可以查找出该类错账。
3. 在记账过程中,如果过账时通用记账凭证中的简单分录漏记了贷方账户,那么,采用＿＿＿错账查找方法可以查找出该类错账。
4. 会计信息化条件下及时发现的错账,可以采用＿＿＿＿＿操作予以更正。

二、单项选择题

1. 更正错账时,划线更正法的适用范围是(　　)。
   A. 记账凭证上会计科目或记账方向错误,导致账簿记录错误
   B. 记账凭证正确,在记账时发生错误,导致账簿记录错误
   C. 记账凭证上会计科目或记账方向正确,所记金额大于应记金额,导致账簿记录错误
   D. 记账凭证上会计科目或记账方向正确,所记金额小于应记金额,导致账簿记录错误
2. 下列各项中,只用蓝字更正的是(　　)。
   A. 补充登记法　　B. 红字更正法　　C. 划线更正法　　D. 以上都不对
3. 记账后发现记账凭证和账簿记录中会计科目和记账方向没有错误,但所记金额小于应记金额,导致账簿记录错误时,就用(　　)来更正。
   A. 划线更正法　　B. 红字更正法　　C. 补充登记法　　D. 以上都不对
4. 对数字写大、写小,或者相邻数字位置颠倒的错账,应当采用(　　)查找错账。
   A. 尾数法　　B. 除2法　　C. 除9法　　D. 差数法
5. 将记账凭证中贷记"应收账款"账户的金额58 000元,在记账时错记为5 800元,应采用(　　)更正该错账。
   A. 划线更正法　　B. 红字更正法　　C. 补充登记法　　D. 消除字迹法
6. "签发转账支票归还前欠甲公司货款30 000元",会计人员编制的记账凭证为:借记"应收账款"30 000元,贷记"银行存款"30 000元,审核并已登记入账,则该记账凭证(　　)。
   A. 没有错误　　　　　　　　　　B. 有错误,应采用划线更正法更正

C. 有错误,应采用补充登记法更正　　　D. 有错误,应采用红字更正法更正
7. 借、贷方金额其他位数都一致,而只有末位数出现差错的情况应采用(　　)查找错账。
   A. 差数法　　　B. 除2法　　　C. 尾数法　　　D. 除9法
8. 在登记会计账簿时,把记账凭证中记在某账户借方的5 000元误记在该账户贷方,该错账将导致借、贷方金额相差(　　)元。
   A. 2 500　　　B. 5 000　　　C. 7 500　　　D. 10 000

三、多项选择题

1. 下列各项中,关于划线更正法说法正确的有(　　)。
   A. 划红线注销时必须使原有字迹仍可辨认
   B. 对于错误的数字,应当全部划红线更正,不得只更正其中的错误数字
   C. 对于文字错误,可只划去错误的部分
   D. 对于错误的数字,可以只更正其中的错误数字
2. 发现本年有张金额为1 000元的购货发票在填制记账凭证时误填写为100元并已登记入账,会计人员可以采用的错账更正方法有(　　)。
   A. 用红字填写一张与原内容相同的记账凭证,再用蓝字重新填制一张正确的记账凭证
   B. 重新填制一张正确的记账凭证,将原记账凭证换下,并对账簿记录进行修改
   C. 填制一张与原记账凭证科目和方向相同、金额为900元的记账凭证
   D. 将记账凭证和账簿的错误金额用红笔划去,用蓝字填上正确金额,并加盖印章
3. 下列各项中,采用红字更正法更正说法错误的有(　　)。
   A. 记账凭证的会计科目错误
   B. 记账凭证没有错误,登记账簿时发生错误
   C. 记账凭证的应借、应贷的会计科目没有错误,所记金额大于应记金额
   D. 记账凭证的应借、应贷的会计科目没有错误,所记金额小于应记金额

四、判断题

1. 账簿记录发生错误,应当采用正确、规范的方法予以更正,不得涂改、挖补、刮擦或者用药水消除字迹,不得重新抄写。(　　)
2. 发现以前年度有记账凭证错误并导致错账的,应当用红字填制一张更正的记账凭证。(　　)
3. 发现某记账凭证应借应贷的科目正确,但所记的金额小于实际金额,尚未入账,宜采用红字更正法更正。(　　)
4. 记账后发现记账凭证和账簿记录中会计科目和记账方向没有错误,但所记金额小于应记金额,导致账簿记录错误的,适用于划线更正法。(　　)
5. 记账凭证上应借、应贷的会计科目正确,只是金额填写错误,从而导致账簿记录错误,可采用划线更正法予以更正。(　　)

五、实训题

【目的】掌握错账更正方法。

【资料】某企业10月末对账时发现以下问题：

（1）购买行政管理部门办公用品2 000元，签发转账支票付讫。原记账凭证中的会计分录如下。

　　借：管理费用　　　　　　　　　　　　　　　　　　　　　　　200
　　　　贷：银行存款　　　　　　　　　　　　　　　　　　　　　　　200

已过账，见附图7-1。

（2）生产车间领用一般耗用材料3 000元。原记账凭证中的会计分录如下。

　　借：制造费用　　　　　　　　　　　　　　　　　　　　　　　3 000
　　　　贷：原材料　　　　　　　　　　　　　　　　　　　　　　　3 000

已过账，见附图7-2。

（3）支付银行手续费500元。原记账凭证中的会计分录如下。

　　借：财务费用　　　　　　　　　　　　　　　　　　　　　　　5 000
　　　　贷：银行存款　　　　　　　　　　　　　　　　　　　　　　5 000

已过账，见附图7-3。

（4）副总经理王华预借差旅费8 000元，签发现金支票付讫，现金支票载明收款人为王华。原记账凭证中的会计分录如下。

　　借：管理费用　　　　　　　　　　　　　　　　　　　　　　　8 000
　　　　贷：银行存款　　　　　　　　　　　　　　　　　　　　　　8 000

已过账，见附图7-4。

【要求】判断上述各项账务处理是否存在错误。如有错误，请分析错误类型，并采用适当的方法进行更正。

任务五　结　　账

一、填空题

1. 采用账结法结账时，将各损益类账户余额全部转入_____账户，结平所有损益类账户。
2. 不需按月结计本期发生额的账户，月末结账时，在_____下划通栏单红线。
3. 会计信息化条件下，对结账后发现的错账，可进行_____、_____操作。

二、单项选择题

1. 企业的结账时间应为（　　）。
　　A. 每项经济业务登账后　　　　　　　B. 每日终了时

C. 一定时期结束时　　　　　　　　D. 会计报表编制后
　2. 下列各项中，需要划双红线的是（　　）。
　　A. 在"本月合计"的下面　　　　　　B. 在"本年累计"的下面
　　C. 在"本日合计"的下面　　　　　　D. 在 12 月末的"本年累计"的下面
　3. 年末有余额的账户在结转下年时，应在新年度账簿的"摘要"栏内注明（　　）字样。
　　A. 上年结转　　　B. 承前页　　　C. 结转下年　　　D. 过次页

三、多项选择题

　1. 下列各项中，关于会计账簿的更换和保管正确的有（　　）。
　　A. 总账、日记账和多数明细账每年更换一次
　　B. 变动较小的明细账可以连续使用，不必每年更换
　　C. 备查账不可以连续使用
　　D. 会计账簿由本单位财务会计部门保管半年后，交由本单位档案管理部门保管
　2. 下列各项中，关于需要结计本年累计发生额的账户结账工作正确的有（　　）。
　　A. 在最后一笔经济业务记录下面划通栏单红线，结出本月发生额和余额，在摘要栏内注明"本月合计"字样
　　B. 在"本月合计"行下结出自年初起至本月末止的累计发生额
　　C. 1~11 月末的累计发生额行，在摘要栏内注明"本年累计"字样，并在下面通栏划单红线
　　D. 12 月末的"本年累计"是全年累计发生额，全年累计发生额下划通栏双红线

四、判断题

　1. 月结时，收入、费用类账户需要结出本月发生额和余额，并在摘要栏内注明"本月合计"字样，同时在该行下划双红线。　　　　　　　　　　　　　　（　　）
　2. 对于会计账簿的更换，一些更换新账、重抄一遍工作量较大的明细账，可以连续使用，不必每年更换。　　　　　　　　　　　　　　　　　　　　　（　　）
　3. 总账、日记账和大部分明细账都要在每年更换新账，但固定资产明细账等变动较小的明细账可以继续使用。　　　　　　　　　　　　　　　　　　（　　）
　4. 在每个会计期间内，账簿可多次登记，但结账只能一次。　　　　　　（　　）
　5. 年度终了结账时，应当在全年累计发生额下面划通栏双红线。　　　　（　　）

五、实训题

　　【目的】掌握结账方法。
　　【资料】东海公司 2024 年 12 月库存现金日记账记录，见附表 7-2（项目七任务二实训一的登账结果）。
　　【要求】结计本月发生额及余额，并划结账红线。

项目八 成本计算

任务一 计算材料采购成本

一、填空题

1. 成本计算是指按照一定的_____对象，归集和分配企业在_____中发生的各种生产经营耗费，并据以计算各成本计算对象_____的一种会计核算方法。
2. 材料采购成本的内容包括_____和_____。该种材料单位成本=_____÷_____的数量。
3. 成本有_____成本与_____成本之分。广义成本，如_____、_____、固定资产成本、无形资产成本、在建工程成本等。狭义成本，通常指_____。
4. 成本与费用是两个_____的概念。费用计入_____，成本则通常反映企业的_____。
5. 买价也称_____，是所购进材料的_____与_____的乘积。采购费用包括_____、_____、_____等运杂费，_____，以及其他可归属于采购成本的开支。
6. 采购部门发生的_____、_____、_____、_____等费用，为简化核算，通常直接记入"管理费用"账户。
7. 采购费用分配率=应分配的_____÷受益材料的_____；某种材料应分配的采购费用=该种材料的_____×采购费用分配率。

二、单项选择题

1. 上海智信公司外购 xsq 半导体材料和 xsq 晶圆两种材料，xsq 半导体材料买价 250 000 元，xsq 晶圆材料 350 000 元，两种材料共发生运杂费 6 000 元。如果运杂费按材料的买价分摊，则 xsq 晶圆的采购成本为（　　）元。
   A. 302 500　　　　B. 353 500　　　　C. 303 000　　　　D. 305 000
2. 采购部门发生的经常性费用等费用，为简化核算，直接记入（　　）账户。
   A. "销售费用"　　　　　　　　　　B. "生产成本"
   C. "管理费用"　　　　　　　　　　D. "财务费用"

三、多项选择题

1. 下列各项中,属于成本计算内容的有(　　)。
   A. 产品销售成本计算　　　　　　　B. 产品生产成本计算
   C. 资产采购成本计算　　　　　　　D. 固定资产取得成本计算
2. 共同耗用的采购费用,可按材料的(　　)等分配标准分配给各受益材料。
   A. 重量　　　　B. 买价　　　　C. 产量　　　　D. 体积
3. 下列各项中,包括在外购材料取得成本中的有(　　)。
   A. 买价　　　　　　　　　　　　　B. 运输途中合理损耗
   C. 入库后的挑选整理费　　　　　　D. 非正常损耗
4. 下列各项中,用于反映供应过程中资产取得成本的账户有(　　)。
   A. "在建工程"　　　　　　　　　　B. "主营业务成本"
   C. "在途物资"　　　　　　　　　　D. "原材料"

四、判断题

1. 成本计算是会计核算方法之一。　　　　　　　　　　　　　　　(　　)
2. 成本计算是对已完工产品成本的计算。　　　　　　　　　　　　(　　)
3. 外购材料的取得成本由材料的买价构成。　　　　　　　　　　　(　　)

五、计算题

上海智信公司为增值税一般纳税人,2023年11月发生以下经济业务:

1日,从上海电子半导体材料加工有限公司采购xsq半导体材料300套,单价190元;采购zn半导体材料200套,单价100元,增值税税率13%。另以现金支付运费7 700元,增值税税率9%,运费按材料买价分配,材料未入库,款项以银行存款支付。11日,材料如数入库。

要求:
(1) 计算xsq半导体材料和zn半导体材料应分摊的运费。
(2) 计算xsq半导体材料和zn半导体材料的采购总成本和单位成本。

任务二　计算产品生产成本

一、填空题

1. 产品成本项目包括_____、_____、_____等。
2. 产品成本计算是指按_____对象,归集、分配一定时期内企业生产经营过程中所发生的_____,并按适当方法分别计算出各种产品的_____和_____。
3. 直接材料和直接人工在发生时记入_____账户;生产车间的各项间接费用在发生时记入_____账户,月末再将发生的制造费用分配记入各受益产品的_____账户。

4. 制造费用分配率＝_____总额÷受益产品的_____

   某种产品应负担的制造费用＝该种产品的_____×制造费用分配率。

5. 本月完工产品成本＝月初_____＋本月发生的_____－月末_____。

二、单项选择题

1. 生产产品领用材料200 000元，厂部领用3 000元。如果不考虑其他因素的影响，应记入"生产成本"账户的金额为（   ）元。
   A. 230 000   B. 200 000   C. 197 000   D. 23 000

2. 下列各项中，按会计科目反映的经济内容分类，属于成本类科目的是（   ）。
   A."制造费用"   B."主营业务成本"
   C."其他业务成本"   D."长期待摊费用"

3. 某个会计科目反映的是成本还是费用，应从其反映的（   ）来进行判断。
   A. 科目名称   B. 会计要素
   C. 结构   D. 经济内容（经济性质）

4. "制造费用"科目属于（   ）科目。
   A. 费用和损失类   B. 资产类
   C. 负债类   D. 成本类

5. 企业为生产产品而发生各项直接费用，对此生产费用进行归集应设置的会计科目是（   ）。
   A."库存商品"   B."制造费用"   C."生产成本"   D."主营业务成本"

6. 上海智信公司某车间只生产xsq芯片一种产品，本期领用材料40 000元，发放工资30 000元，车间提取折旧15 000元，其他制造费用10 000元。"生产成本——xsq芯片"期初余额20 000元，期末余额15 000元，则完工产品成本为（   ）元。
   A. 110 000   B. 95 000   C. 90 000   D. 100 000

7. 下列各项中，一般不属于成本项目的是（   ）。
   A. 折旧费   B. 直接材料   C. 制造费用   D. 直接人工

三、多项选择题

1. 下列各项中，不属于成本类科目的有（   ）。
   A."其他业务成本"   B."生产成本"
   C."主营业务成本"   D."制造费用"

2. 工业企业进行产品成本核算设置的成本项目包括（   ）。
   A."直接人工"   B."制造费用"   C."直接材料"   D."财务费用"

3. 下列各项中，应计入产品成本的有（   ）。
   A. 直接人工成本   B. 直接材料成本
   C. 销售机构的广告费   D. 生产车间管理人员的工资

4. 企业应将本月归集的制造费用，按照适当的分配标准，如（　　　）分配给各受益产品。

　　A. 买价　　　　B. 产品生产工时　　C. 重量　　　　D. 生产工人工资

5. 企业对发出材料进行核算，编制结转分录时可能涉及的会计科目有（　　　）。

　　A. "制造费用"　　B. "原材料"　　C. "生产成本"　　D. "材料采购"

6. 下列各项费用中，不应计入产品生产成本的有（　　　）。

　　A. 制造费用　　B. 管理费用　　C. 销售费用　　D. 财务费用

四、判断题

1. 企业进行成本核算时，应根据生产经营特点和成本管理要求来确定成本核算对象。（　　）
2. "制造费用"科目反映的是费用。（　　）
3. 间接（共同）费用需要在各成本计算对象之间进行分配。（　　）

五、计算题

上海智信公司2023年12月发生的经济业务如下：

（1）31日，车间一般耗用辅助材料1 000元；生产xsq芯片耗用xsq线路板10 000元、xsq晶圆500 000元、xsq半导体20 000元、xsq封装材料10 000元；生产zn芯片耗用zn线路板5 000元、zn晶圆250 000元、zn半导体10 000元、zn封装材料5 000元；行政管理部门耗用辅助材料5 000元。

（2）31日，根据当月考勤记录和产量记录等资料，计算分配12月职工薪酬，xsq芯片生产工人工资100 000元，zn芯片生产工人工资50 000元，车间管理人员工资6 520元，行政管理人员工资104 320元。

（3）31日，生产xsq芯片工时10 000小时，生产zn芯片工时5 000小时，按生产工时分配本月制造费用，分配率保留4位有效小数，尾差计入zn芯片。

（4）31日，若80件xsq芯片全部完工，359件zn芯片全部未完工，结转完工产品生产成本。产品单位成本保留4位有效小数。

要求：

（1）计算制造费用分配率和xsq芯片、zn芯片分别应负担的制造费用。

（2）计算完工产品xsq芯片的生产成本和产品单位成本。

任务三　计算产品销售成本

一、填空题

1. 已经销售产品的生产成本即＿＿＿＿＿＿。
2. 产品销售成本＝＿＿＿＿＿＿×＿＿＿＿＿＿。

二、单项选择题

1. 销售费用是指企业为销售产品、提供服务而发生的（　　）。
   A. 经济利益的总流出　　　　　　B. 经济利益的分配
   C. 经济利益的净流出　　　　　　D. 经济利益的亏损
2. 结转已售产品成本时，应借记的账户是（　　）。
   A. "主营业务成本"　　　　　　　B. "生产成本"
   C. "本年利润"　　　　　　　　　D. "库存商品"
3. "主营业务成本"科目属于（　　）科目。
   A. 成本类　　　B. 资产类　　　C. 负债类　　　D. 费用和损失类

三、判断题

1. 成本计算的目的之一是确定耗费的补偿尺度。（　　）
2. "主营业务成本"科目反映的是成本。（　　）
3. 为了符合会计信息质量要求的可比性要求，计价方法一经确定，不得变更。（　　）

四、计算题

上海智信公司本月产品销售数量分别为：xsq芯片160件，zn芯片290件。单位产品生产成本分别为：xsq芯片每件8 100元，zn芯片每件1 200元。

要求：试计算本月已销产品成本。

项目九 财产清查

任务一 认知财产清查

一、填空题

1. 财产清查是指通过对_____、_____和_____等财产物资进行盘点或核对,确定其实存数,查明_____与_____是否相符的一种专门方法。
2. 按财产清查的范围不同,分为_____和_____;按财产清查的时间不同,分为_____和_____;按照清查的执行系统分类为_____和_____。
3. 在实地盘存制下,本期发出数量＝_____。

二、单项选择题

1. 出纳人员每日业务终了对库存现金进行清点,属于(　　)。
   A. 局部清查和定期清查　　　　　B. 全面清查和定期清查
   C. 局部清查和不定期清查　　　　D. 全面清查和不定期清查
2. 企业银行存款日记账与银行对账单的核对,属于(　　)。
   A. 账证核对　　B. 账实核对　　C. 账账核对　　D. 账表核对
3. 适合采用局部清查的方法进行财产清查的情形是(　　)。
   A. 年终决算时清查　　　　　　　B. 企业合并时清查
   C. 单位主要负责人离任交接时清查　D. 发生自然灾害后对存货的清查
4. 采用实地盘存制,平时对财产物资(　　)。
   A. 先登记收入数,后登记发出数　B. 只登记发出数,不登记收入数
   C. 只登记收入数,不登记发出数　D. 先登记发出数,后登记收入数
5. 全面清查和局部清查是按照(　　)来划分的。
   A. 财产清查的性质　　　　　　　B. 财产清查的时间
   C. 财产清查的方法　　　　　　　D. 财产清查的范围
6. 下列各项中,关于永续盘存制说法正确的是(　　)。
   A. 简化了存货的日常核算工作
   B. 有利于加强存货的日常管理
   C. 在品种规格多的企业存货明细记录工作量小

D. 适用于价值低、品种杂、进出频繁的商品或材料物资
7. 企业通过实地盘点法先确定期末存货数量,然后倒挤本期发出存货的数量,这种盘存制度称为( )。
   A. 实地盘存制　　B. 收付实现制　　C. 永续盘存制　　D. 权责发生制
8. 下列各项中,属于定期清查的清查事项的是( )。
   A. 发生意外灾害时　　　　　　　B. 临时性检查前
   C. 出纳人员每月末同银行核对存款　D. 企业重组前

三、多项选择题

1. 财产清查的对象包括( )。
   A. 货币资金　　B. 实物资产　　C. 债权　　D. 债务
2. 财产清查按清查时间可分为( )。
   A. 定期清查　　B. 内部清查　　C. 局部清查　　D. 不定期清查
3. 需要进行全面财产清查的有( )。
   A. 清产核资　　　　　　B. 年终决算之前
   C. 单位撤销、合并　　　D. 资产重组或改变隶属关系
4. 下列各项中,关于全面清查说法正确的有( )。
   A. 单位财务部门负责人调离工作岗位,需要进行全面清查
   B. 单位成立、撤销、分立、合并或改变隶属关系,需要进行全面清查
   C. 开展清查核资,需要进行全面清查
   D. 年终决算前,为了确保年终决算会计资料真实、正确,需进行全面清查
5. 不定期清查,一般在( )时进行。
   A. 企业财产被盗　　　　　　B. 自然灾害造成部分财产损失
   C. 财产保管员调离工作岗位　D. 部分原材料过期变质
6. 下列各项中,关于局部清查表述正确的有( )。
   A. 对于贵重财产物资,通常每月都要进行清查盘点
   B. 局部清查是指根据需要对单位全部财产进行盘点和核对
   C. 局部清查范围小、内容少、时间短、参与人员少,但专业性很强
   D. 对于流动性较大的财产物资应根据需要随时轮流盘点或重点抽查
7. 进行局部财产清查时,正确的做法包括( )。
   A. 银行存款每月至少同银行核对一次　B. 债权债务每年至少核对一至两次
   C. 贵重物品每月盘点一次　　　　　　D. 库存现金每月清点一次
8. 财产清查的一般程序包括( )。
   A. 建立财产清查组织　　　　　　　　B. 填制盘存清单
   C. 确定清查对象、范围,明确清查任务　D. 制订清查方案,安排清查前准备

四、判断题

1. 盘点实物资产时,发现实物资产的账面数大于实存数,即为盘盈。( )

2. 定期清查,可以是全面清查,也可以是局部清查。（   ）
3. 只有在永续盘存制下才可能出现财产的盘盈、盘亏现象。（   ）
4. 董事长在调离工作岗位前,有关部门应对其所管辖企业的所有资产进行全面盘点和核对。（   ）
5. 对实物财产清查时,既要清查数量又要检验质量。（   ）
6. 实地盘存制是对各项财产物资的增加或减少,都必须根据会计凭证逐笔或逐日在有关账簿中进行连续登记,并随时结算出该项物资的结存数的一种方法。（   ）
7. 财产清查按照清查的执行系统,可分为全面清查和局部清查。（   ）
8. 进行外部清查时无需本单位相关人员参加。（   ）

五、计算题

1. 甲公司财产物资盘存制度采用永续盘存制,2024 年 4 月初库存 A 商品 80 件,单位成本 300 元;本月生产 A 商品 200 件,单位成本 300 元;本月销售 A 商品 220 件。
   要求：分别计算甲公司 2024 年 4 月 A 商品销售成本和 A 商品账面余额。
2. 乙公司 2024 年 6 月初库存 B 材料 50 千克,单位成本 1 000 元;本月购入 B 材料 950 千克,单位成本 1 000 元;本期领用 B 材料 900 千克。期末经实地盘点,查明 B 材料实存 90 千克。
   要求：
   (1) 分别计算乙公司 2024 年 6 月以下金额：
      ① 永续盘存制下领用 B 材料的成本和月末 B 材料账面余额。
      ② 实地盘存制下领用 B 材料的成本。
   (2) 根据计算结果,分析判断哪种盘存制度可以确定 B 材料盘盈或盘亏的数额。请说明理由。

任务二　运用财产清查的方法

一、填空题

1. 库存现金的清查是采用_____确定库存现金的实存数,再与_____ _____相核对,确定账实是否相符。
2. 库存现金清查一般由_____和_____共同清点出各种面值钞票的张数和硬币的个数,对库存现金进行盘点时,_____必须在场。
3. 库存现金盘点结束后,应填制_____,作为_____凭证。
4. 银行存款的清查是采用与开户银行_____的方法进行的,即将本单位_____的账簿记录与开户银行转来的_____逐笔进行核对,以查明银行存款的实有数额。
5. 企业银行存款账面余额与银行对账单余额之间不一致的原因,可能是某一方或双方记账过程出现＿＿＿＿＿＿或存在＿＿＿＿＿＿。

6. 未达账项,是指企业与银行之间,一方收到凭证并入账,另一方＿＿＿＿＿＿＿。

7. 实物资产主要包括固定资产、存货等,常用的清查方法主要有＿＿＿＿＿和＿＿＿＿＿＿。

8. 在实物清查过程中,＿＿＿＿＿＿和＿＿＿＿＿＿必须同时在场。

9. 往来款项主要包括应收、应付款项和预收、预付款项等,往来款项的清查一般采用＿＿＿＿＿＿的方法进行核对。

二、单项选择题

1. 在财产清查中,实物盘点的结果应如实登记在（　　）中。
   A. 对账单　　　　B. 盘存单　　　　C. 发料单　　　　D. 记账凭证

2. 对于财产清查中所发现的财产物资盘盈、盘亏和毁损,财会部门进行账务处理依据的原始凭证是（　　）。
   A. 银行存款余额调节表　　　　B. 出库单
   C. 实存账存对比表　　　　　　D. 入库单

3. 可以采用技术推算法进行清查的财产物资是（　　）。
   A. 煤炭等大宗物资　　　　　　B. 银行存款
   C. 应收账款　　　　　　　　　D. 固定资产

4. 2024 年 3 月 31 日,甲公司银行存款日记账的余额为 200 万元,经逐笔核对,未达账项如下:银行已收,企业未收的 4 万元;银行已付,企业未付的 2 万元;企业已收,银行未收的 6 万元。调整后的企业银行存款余额应为（　　）万元。
   A. 206　　　　B. 208　　　　C. 202　　　　D. 204

5. 采用向有关单位发函询证、通过对账单核对账目的方法进行清查的项目是（　　）。
   A. "原材料"　　B. "库存现金"　　C. "固定资产"　　D. "应收账款"

6. 银行存款的清查是将（　　）进行核对。
   A. 银行存款日记账与总账
   B. 银行存款日记账与银行存款收、付款凭证
   C. 银行存款日记账与银行对账单
   D. 银行存款总账与银行存款收、付款凭证

7. 下列各项中,可以作为调整账面数额的原始凭证的是（　　）。
   A. 银行对账单　　　　　　　　B. 银行存款余额调节表
   C. 往来款项对账单　　　　　　D. 实存账存对比表

8. 下列各项中,关于财产清查方法表述正确的是（　　）。
   A. 对银行存款采用实地盘点法清查
   B. 对应收账款采用发函询证的方法清查
   C. 对运输车辆采用技术推算法清查
   D. 对露天堆放的砂石采用实地盘点法清查

三、多项选择题

1. 实物财产清查常用的方法有（　　）。
   A. 核对账目法　　　　　　　　　B. 实地盘点法
   C. 技术推算法　　　　　　　　　D. 备抵法

2. 可以作为财产清查结果处理原始凭证的单据有（　　）。
   A. 盘存单　　　　　　　　　　　B. 银行存款余额调节表
   C. 账存实存对比表　　　　　　　D. 库存现金盘点表

3. 采用实地盘点法进行清查的财产有（　　）。
   A. 固定资产　　B. 库存商品　　C. 库存现金　　D. 预付账款

4. 与外单位核对账目的方法适用于（　　）。
   A. 库存现金的清查　　　　　　　B. 固定资产的清查
   C. 往来款项的清查　　　　　　　D. 银行存款清查

5. 关于库存现金的清查，下列说法正确的有（　　）。
   A. 库存现金应该每日清点一次
   B. 库存现金应该采用实地盘点法
   C. 在清查过程中可以用借条、收据充抵库存现金
   D. 应根据盘点结果编制现金盘点报告表

6. 关于银行存款的清查，下列说法正确的有（　　）。
   A. 调节之后双方的余额如果相等，则该余额通常为企业可以动用的银行存款实有数
   B. 调节之后双方的余额如果不相等，则说明银行或企业记账或计算有误
   C. 对于未达账项，企业可以根据银行存款余额调节表进行账务处理
   D. 对于未达账项，等以后有关原始凭证到达后再进行账务处理

7. 在记账无误的情况下，企业银行存款日记账账面余额大于银行对账单余额的情况有（　　）。
   A. 企业已作收款入账，银行未入账　　B. 银行已作收款入账，企业未入账
   C. 企业已作付款入账，银行未入账　　D. 银行已作付款入账，企业未入账

8. 当出现未达账项时，应通过编制银行存款余额调节表（　　）。
   A. 检验企业与银行双方银行存款结余数是否一致
   B. 作为企业调整账面记录的依据
   C. 了解企业可以使用的银行存款实有数
   D. 作为银行调整账面记录的依据

9. 下列各项中，在编制银行存款余额调节表时，应调整银行存款日记账余额的未达账项有（　　）。
   A. 企业已收，银行未收　　　　　B. 银行已收，企业未收
   C. 企业已付，银行未付　　　　　D. 银行已付，企业未付

10. 库存现金清查不仅包括账实是否相符，同时包括（　　）。
    A. 是否存在未达账项　　　　　　B. 是否存在白条抵库

C. 是否超限额留存现金　　　　　　D. 是否挪用现金

四、判断题

1. 货币资金的清查均应采用实地盘点的方法进行。（　）
2. 对于未达账项，应编制银行存款余额调节表进行调整，同时根据银行存款余额调节表编制相应的记账凭证。（　）
3. 未达账项是指银行已经记账，而企业因未收到有关凭证而尚未记账的款项。（　）
4. 企业清查盘点库存现金时，出纳员必须回避。（　）
5. 库存现金的清查包括出纳人员每日的清点核对和清查小组定期和不定期清查。（　）
6. 企业可使用的银行存款实有数额应是银行对账单上列明的余额。（　）
7. 技术推算法适用范围广，清查结果准确、可靠，但工作量较大。（　）
8. 企业多数财产物资的清查都可以使用实地盘点的方法进行核对。（　）

五、实训题

实训一

【目的】掌握银行存款余额调节表的编制方法。

【资料】乙企业2024年3月31日银行存款日记账账面余额为817 700元，开户行送到的对账单所列乙企业银行存款余额为893 300元，经逐笔核对，发现未达账项如下：

（1）3月27日，乙企业开出转账支票一张，计112 300元，持票人尚未到银行办理手续。

（2）3月29日，乙企业收到客户转账支票一张，计188 500元，已填制进账单送存银行，但银行尚未入账。

（3）3月30日，银行代扣电费24 600元，乙企业尚未接到通知而未入账。

（4）3月31日，银行代收客户偿还的欠款176 400元，已记入企业存款户，企业尚未接到通知而未入账。

【要求】根据以上未达账项，编制乙公司2024年3月银行存款余额调节表，见附表9-1。

实训二

【目的】进一步熟练掌握银行存款余额调节表的编制方法。

【资料】丙公司2024年6月31日企业银行存款日记账余额为3 270 000元，银行对账单上的余额为3 262 000元，经逐笔核对后，查明有以下几笔未达账项：

（1）丙公司于6月29日开出的转账支票84 000元，持票人尚未到银行办理转账，银行尚未入账。

（2）丙公司于6月30日存入银行从客户收到的转账支票一张，计390 000元，银行尚未入账。

（3）丙公司委托银行代收销货款 322 000 元，银行已收到入账，但公司尚未收到银行的收款通知、没有入账。

（4）银行代付的下半年财产保险费 40 000 元，公司尚未收到银行的付款通知、没有入账。

（5）银行计算的存款利息 16 000 元，已记入公司存款账户，但公司尚未入账。

【要求】根据以上未达账项，编制丙公司 2024 年 6 月银行存款余额调节表，见附表 9-2。

任务三　财产清查结果处理

一、填空题

1. 企业清查发现的各种财产损溢，应于_____查明原因，经批准后在_____处理完毕。
2. "待处理财产损溢"账户是_____类账户，该账户借方核算_____数额和_____数额；贷方核算_____数额和_____数额。期末借方余额反映_____；期末贷方余额反映_____。
3. 盘盈的固定资产作为前期差错，通过_____账户核算。
4. 现金短缺，属于应由保险公司赔偿或应由责任人赔偿的部分，记入_____账户；属于无法查明的其他原因的部分，记入_____账户。
5. 现金溢余，属于应支付给有关单位或人员的，记入_____账户；属于无法查明其他原因的部分，记入_____账户。
6. 发生盘盈的存货，经有关部门批准后，借记"待处理财产损溢"账户，贷记_____账户。
7. 存货发生盘亏或毁损，属于收发计量差错、定额内损耗以及管理不善等原因造成的短缺，按过失人赔偿的金额记入_____账户，净损失记入_____账户；属于自然灾害或意外事故等原因造成的毁损，扣除赔款和残值后的净损失，记入_____账户。
8. 固定资产盘亏时，先将账面价值转入_____账户，再将净损失转入_____账户。

二、单项选择题

1. 下列各项中，登记在"待处理财产损溢"账户借方的是（　　）。
   A. 财产的盘亏数　　　　　　　　B. 财产的盘盈数
   C. 财产盘亏的转销数　　　　　　D. 尚未处理的财产净溢余
2. 在财产清查中发现的存货盘亏，若是属于自然损耗产生的定额内损耗，应于批准后记入（　　）账户。
A．"财务费用" B．"营业外支出"
C．"其他应收款" D．"管理费用"
3. 在财产清查中发现的存货盘盈，按规定的手续批准后记入（　　）账户。
A．"制造费用" B．"营业外收入" C．"管理费用" D．"投资收益"
4. 下列各项中，属于盘亏固定资产清查时应采用的账户是（　　）。
A．"资产处置损益" B．"固定资产清理"
C．"以前年度损益调整" D．"待处理财产损溢"
5. 现金清查中无法查明原因的短款，经批准后记入（　　）账户。
A．"财务费用" B．"管理费用" C．"其他应收款" D．"营业外支出"
6. 经查明确实无法支付的应付款项可按规定程序报经批准后，转入（　　）账户。
A．"其他业务收入" B．"投资收益"
C．"营业外收入" D．"其他综合收益"

三、多项选择题

1. "待处理财产损溢"账户贷方登记的内容有（　　）。
A．财产物资的盘亏 B．财产物资的盘盈
C．财产物资盘盈的转销 D．财产物资盘亏的转销
2. 下列各项中，属于财产清查结果处理要求的有（　　）。
A．分析账实不符的原因和性质，提出处理建议
B．积极处理多余积压财产，清理往来款项
C．总结经验教训，建立健全各项管理制度
D．及时调整账簿记录，保证账实相符
3. 对于财产清查中发现的库存现金短缺，待查明原因、按管理权限报经批准后，从"待处理财产损溢"账户转出，对应的账户有（　　）。
A．"管理费用" B．"财务费用" C．"其他应收款" D．"其他应付款"
4. 发生盘亏或毁损的存货，应认真查明原因，并报经批准后根据不同原因和处理意见记入（　　）账户的借方。
A．"其他应付款" B．"营业外支出" C．"管理费用" D．"其他应收款"
5. 下列各项中，属于经批准后通过"营业外支出"账户核算的有（　　）。
A．自然灾害或意外事故等原因造成的存货毁损净损失
B．盘亏的固定资产净损失
C．无法查明的原因的库存现金短缺
D．有确凿证据表明确实无法收回的应收款项

四、判断题

1. "待处理财产损溢"账户属于损益类账户。（　　）

2. 经查明确实无法支付的应付款项可按规定程序报经批准后,转入"营业外收入"账户。（　　）

3. 对于无法收回的应收款项,应先记入"待处理财产损溢"账户,经批准后转入有关账户。（　　）

4. 自然灾害造成的存货毁损,扣除保险公司赔款和残值,计入管理费用。（　　）

5. 非正常原因如被盗等造成的存货盘亏损失经批准后应该计入营业外支出。（　　）

6. 财产清查中发现的盘盈、盘亏,在报经有关领导审批之前,无需进行处理,等相关管理机构批准后,再根据财产盘盈、盘亏的数额编制会计分录。（　　）

7. 盘盈的固定资产,应按同类或类似固定资产的重置成本入账,并按前期差错进行处理。（　　）

五、实训题

实训一

【目的】练习并掌握库存现金账实不符的账务处理。

【资料】丙公司2024年4月发生如下经济业务：

（1）8日,在财产清查中,发现库存现金溢余80元。

① 在报经批准前,根据库存现金盘点报告表确定的库存现金溢余数,调整账面记录。

② 经反复核查,上述库存现金溢余无法查明原因,根据批准意见按规定处理。

（2）15日,在财产清查中,发现库存现金短缺150元。

① 在报经批准前,根据库存现金盘点报告表确定的库存现金短缺数,调整账面记录。

② 经查,上述库存现金短缺中100元应由出纳员赔偿,另外50元无法查明原因。经批准后,根据批准处理意见,转销库存现金短缺。

【要求】根据资料对库存现金清查结果进行账务处理。

实训二

【目的】练习并掌握存货账实不符的账务处理。

【资料】2024年3月31日,丁公司在存货进行的清查中,发现以下问题：

（1）盘盈01#材料30千克,该材料的实际成本为50元/千克,具体处理如下：

① 在报经批准前,根据实存账存对比表确定的材料盘盈数,调整账簿记录。

② 现已查明,盘盈01#材料30千克为自然升溢,经批准按规定处理。

（2）盘亏02#材料100千克,实际总成本3 000元,毁损03#材料50千克,实际总成本10 000元。具体处理如下：

① 在报经批准前,根据账存实存对比表确定的材料盘亏、毁损数,调整账面记录。

② 经查,02#材料属于材料自然属性产生的定额内损耗；03#材料系自然灾害造成的毁损,收回残料1 000元,保险公司赔偿3 000元,尚未收到赔款。经批准后,转销材料盘亏及毁损。

【要求】根据资料对存货清查结果进行账务处理。

实训三

【目的】练习并掌握财产清查账实不符的账务处理。

【资料】2023年4月,乙公司在进行财产清查时,发现以下问题:

(1) 盘亏管理用设备一台,原价8 000元,已提折旧6 400元。

(2) M1材料账面数量300千克,单价200元/千克,实地盘点为290千克;M2材料账面数量520千克,单价150元/千克,实地盘点为525千克。

(3) 库存现金短缺60元。

具体处理如下:

(1) 在报经批准前,根据实存账存对比表确定的各项财产物资的盘盈、盘亏数,调整账簿记录。

(2) 经调查及批准,上述盘亏的固定资产,其净损失列为营业外支出;M1材料盘亏系材料收发过程中计量误差所致;M2材料盘盈作冲减管理费用处理;短缺现金要求出纳员赔偿。

【要求】根据资料对企业财产清查结果进行账务处理。

项目十 编制财务报表

任务一 认知财务报表

一、填空题

1. 财务报表是对企业财务状况、经营成果和现金流量的结构性表述。一套完整的财务报表至少应当包括_____、_____、_____、_____及_____。
2. 财务报表按反映的经济内容分为_____和_____；按编制时期分为_____和_____；按报送对象分为_____和_____。
3. 财务报表按编制主体范围分为_____和_____；按编报单位分为_____和_____。
4. 企业的财务报表应当根据记录完整、审核无误的账簿记录和其他有关资料编制，做到_____、_____、_____、_____。
5. 年度财务报表应当于年度终了后_____个月内报送。

二、单项选择题

1. 会计报表编制的依据是(   )。
   A. 账簿记录　　　B. 科目汇总表　　　C. 原始凭证　　　D. 记账凭证
2. 反映企业一定时期经营成果的报表是(   )。
   A. 现金流量表　　B. 资产负债表　　　C. 利润表　　　　D. 财务状况变动表
3. 财务报表按(   )的不同，分为单位财务报表和汇总财务报表。
   A. 反映的经济内容　　　　　　　B. 编报单位
   C. 编制时间　　　　　　　　　　D. 报送对象
4. 下列各项中，属于静态财务报表的是(   )。
   A. 资产负债表　　B. 利润表　　　　　C. 现金流量表　　D. 利润分配表
5. 下列各项中，不属于财务会计报告基本要求的是(   )。
   A. 真实可靠　　　B. 内容完整　　　　C. 编报及时　　　D. 简单实用

三、多项选择题

1. 下列各项中，属于构成整套财务报表组成部分的有(   )。

A. 利润表　　　　　　　　　B. 所有者权益变动表
C. 财务报表附注　　　　　　D. 资产负债表

2. 按编制主体范围不同,财务报表可分为(　　)。
A. 个别财务报表　　　　　　B. 单位财务报表
C. 合并财务报表　　　　　　D. 汇总财务报表

3. 编制财务报表之前,应做好(　　)准备工作。
A. 做好对账工作,以确保账证相符、账账相符、账实相符
B. 按规定的结账日结账
C. 检查相关的会计核算是否按照国家统一的会计制度的规定进行
D. 检查是否存在因会计差错、会计政策变更等原因需要调整前期或本期相关项目的情况

4. 下列各项中,关于财务报表说法正确的有(　　)。
A. 外部财务报表具有统一格式、统一指标体系、统一编报时间
B. 中期财务报表是于月末、季末、半年末编报的财务报表,包括月报、季报、半年报
C. 单位财务报表是只反映单一会计主体的报表
D. 现金流量表是反映企业在一定会计期间的现金和现金等价物流入和流出的财务报表

5. 下列各项中,关于财务报表编制要求说法正确的有(　　)。
A. 企业必须按规定的程序及规定的期限内编制财务报表,并及时报送,因此可提前结账
B. 报表与报表之间、指标与指标之间的有关数据应衔接一致
C. 编制财务报表前应按规定清查盘点各项财产物资、核实债权债务
D. 财务报表各项数据应真实可靠、准确无误

四、判断题

1. 为了保证财务报表内容的正确性,在编制年度财务报表前应进行全面财产清查。
(　　)
2. 财务报表按编报单位分划分为个别财务报表和汇总财务报表。(　　)
3. 如果部分内容未能在表内项目反映,应作为补充资料在财务报表附注中予以补充说明。(　　)
4. 为了确保企业财务报表的客观公正,财务报表应当由中国注册会计师进行鉴证。
(　　)
5. 为了满足编报及时的要求、确保报表信息的时效性,编制财务报表时可以使用估计或推算数据。(　　)

任务二　编制资产负债表

一、填空题

1. 资产负债表是反映企业在某一特定日期_____的报表,是对企业特定日

期的资产、负债和所有者权益的结构性表述。

2. 资产负债表是根据＿＿＿＿＿＿＿＿＿＿＿＿＿＿这一平衡公式，按照各具体项目的性质和功能作为分类标准，依次将某一特定日期的资产、负债、所有者权益的具体项目予以适当排列编制而成。

3. 资产负债表的表体格式一般有两种：＿＿＿＿＿＿＿资产负债表和＿＿＿＿＿＿＿＿＿资产负债表，我国企业的资产负债表采用＿＿＿＿＿＿＿结构。

4. 账户式资产负债表分为左右两方，左方为＿＿＿＿＿＿＿＿＿＿项目，大体按资产的＿＿＿＿＿＿＿＿强弱排列；右方为＿＿＿＿＿＿＿＿＿＿项目，一般按要求＿＿＿＿＿＿＿＿＿＿的顺序排列。

5. 资产负债表的各项目均需填列＿＿＿＿＿＿＿＿和＿＿＿＿＿＿＿＿两栏。资产负债表的＿＿＿＿＿＿＿＿栏内各项数字，应根据上年年末资产负债表的"期末余额"栏内所列数字填列。

6. 资产负债表中的"实收资本（或股本）""盈余公积""短期借款""应付票据"等项目，应根据＿＿＿＿＿＿＿＿＿＿＿＿＿＿＿＿＿＿＿＿直接填列。

7. "货币资金"项目期末余额＝＿＿＿＿＿＿＿＿＿＿＿＿＿＿＿＿＿＿＿＿＿＿＿＿＿。

8. "应付账款"项目期末余额＝＿＿＿＿＿＿＿＿＿＿＿＿＿＿＿＿＿＿＿＿＿＿＿＿＿。

9. "固定资产"项目期末余额＝＿＿＿＿＿＿＿＿＿＿＿＿＿＿＿＿＿＿＿＿＿＿＿＿＿。

10. "无形资产"项目期末余额＝＿＿＿＿＿＿＿＿＿＿＿＿＿＿＿＿＿＿＿＿＿＿＿＿。

11. "应收账款"项目期末余额＝＿＿＿＿＿＿＿＿＿＿＿＿＿＿＿＿＿＿＿＿＿＿＿＿。

二、单项选择题

1. 资产负债表中资产项目的排列顺序是按其（　　）排列。
   A. 相关性大小　　　B. 重要性大小　　　C. 可比性高低　　　D. 流动性强弱

2. 编制资产负债表的主要依据是（　　）。
   A. 资产类、负债类及所有者权益类各账户的本期发生额
   B. 各损益类账户的本期发生额
   C. 资产类、负债类及所有者权益类账户的期末余额
   D. 各损益类账户的期末余额

3. 资产负债表"未分配利润"项目应根据（　　）账户的期末余额分析计算填列。
   A. "本年利润"　　　　　　　　　B. "本年利润"和"利润分配"
   C. "利润分配"　　　　　　　　　D. "应付股利"

4. （　　）是反映企业某一特定日期财务状况的报表。
   A. 资产负债表　　　　　　　　　B. 股东权益变动表
   C. 现金盘点报告表　　　　　　　D. 利润表

5. 资产负债表中的"存货"项目，应根据（　　）。
   A. "存货"账户的期末借方余额直接填列
   B. "原材料"账户的期末借方余额直接填列
   C. "在途物资""原材料""生产成本"和"库存商品"等总账账户的期末借方余额之和

减去"存货跌价准备"等账户期末余额后的净额填列

D. "原材料""工程物资"和"库存商品"等账户的期末借方余额之和填列

6. 关于资产负债表的格式,下列各项表述中,不正确的是(　　)。
   A. 我国企业的资产负债表采用报告式结构
   B. 资产负债表左方为资产项目,按资产的流动性强弱排列
   C. 资产负债表右方为负债和所有者权益项目,按求偿权先后顺序排列
   D. 资产负债表的平衡等式是"资产＝负债＋所有者权益"

7. 资产负债表中负债项目的顺序是按(　　)排列。
   A. 项目的重要性程度　　　　　B. 项目的金额大小
   C. 项目的稳定性程度　　　　　D. 清偿债务的先后

8. 不影响资产负债表"存货"项目的账户是(　　)。
   A. "在途物资"　　　　　　　B. "工程物资"
   C. "库存商品"　　　　　　　D. "存货跌价准备"

9. 资产负债表中需要计算填列的项目是(　　)。
   A. "实收资本"　B. "货币资金"　C. "短期借款"　D. "应付票据"

10. 下列各项中,关于资产负债表"预收款项"项目填列方法表述正确的是(　　)。
    A. 根据"预收账款"账户的期末余额填列
    B. 根据"预收账款"和"应付账款"账户所辖各明细账户的期末贷方余额合计数填列
    C. 根据"预收账款"和"预付账款"账户所辖各明细账户的期末借方余额合计数填列
    D. 根据"预收账款"和"应收账款"账户所辖各明细账户的期末贷方余额合计数填列

11. 下列各项中,应根据有关总账账户期末余额减去其备抵账户期末余额后的净额填列的资产负债表项目是(　　)。
    A. "生产成本"　B. "短期借款"　C. "实收资本"　D. "无形资产"

三、多项选择题

1. 下列各项中,属于资产负债表中流动资产项目的有(　　)。
   A. "未分配利润"　B. "预付款项"　C. "货币资金"　D. "存货"

2. 下列各项中,有关资产负债表说法正确的有(　　)。
   A. 资产负债表是反映企业在某一时期财务状况的报表
   B. 是一张动态报表
   C. 能够反映企业资产、负债的总额及其结构和所有者所拥有的权益总额
   D. 资产负债表编制的理论依据是资产与权益的平衡关系等式

3. 下列各项中,关于资产负债表中部分项目勾稽关系说法正确的有(　　)。
   A. 资产总计＝负债及所有者权益总计
   B. 资产总计＝流动资产合计＋非流动资产合计
   C. 负债及所有者权益总计＝负债合计＋所有者权益合计
   D. 负债合计＝流动负债合计＋非流动负债合计

4. 下列各项中,根据总账账户期末余额直接填列的资产负债表项目有(　　)。

A. "应付票据"　　B. "盈余公积"　　C. "短期借款"　　D. "应付账款"
5. 下列各项中,属于企业资产负债表所有者权益项目的有(　　)。
   A. "实收资本"　　B. "投资收益"　　C. "资本公积"　　D. "未分配利润"
6. 下列各项中,应在企业资产负债表"预付款项"项目填列的有(　　)。
   A. "预收账款"账户所辖明细账户的期末贷方余额
   B. "应付账款"账户所辖明细账户的期末借方余额
   C. "预付账款"账户所辖明细账户的期末借方余额
   D. "应付账款"账户所辖明细账户的期末贷方余额
7. 属于企业资产负债表中流动负债项目的有(　　)。
   A. "其他应付款"　　　　　　　　B. "预付款项"
   C. "一年内到期的非流动负债"　　D. "短期借款"

四、判断题

1. 资产负债表中"货币资金"项目应根据银行存款日记账余额填列。(　　)
2. 我国的资产负债表采用账户式结构,左方为资产项目,一般按要求清偿时间的先后顺序排列,右方为负债和所有者权益项目,大体按照流动性大小排列。(　　)
3. 资产负债表中"固定资产"项目应根据"固定资产"账户余额直接填列。(　　)
4. 资产负债表中"应付账款"项目,应根据"应付账款"和"应收账款"账户所辖的相关明细账户的期末贷方余额合计数填列。(　　)
5. 如果"生产成本"账户存在期末余额,则应在资产负债表"货币资金"项目下列示。(　　)
6. 资产负债表中"短期借款"项目期末余额应根据"短期借款"总账账户的余额直接填列。(　　)
7. 企业实现的净利润经过弥补亏损、提取盈余公积和向投资者分配利润后留存在企业的、历年结存的利润应作为未分配利润在资产负债表"未分配利润"项目列报。(　　)
8. 资产负债表反映企业在某一特定日期所拥有或控制的经济资源、所承担的现时义务及所有者对企业全部资产的要求权。(　　)

五、计算题

1. 2024年3月31日,甲公司"库存现金"账户余额为1 800元,"银行存款"账户余额为2 075 200元,"其他货币资金"账户余额为30 000元,"其他应收款——备用金"账户余额为5 000元。
   要求:试计算甲公司2024年3月31日资产负债表"货币资金"项目"期末余额"栏的列报金额。
2. 2024年3月31日,乙公司"应付账款"总账账户贷方余额为600 000元,其中"应付账款——A公司"明细账户贷方余额为80 000元,"应付账款——B公司"明细账户借方余额为20 000元。"预付账款"总账账户借方余额为30 000元,其中"预付款——C公司"明细账户借方余额为45 000元,"预付账款——D公司"明细账户贷方余额为15 000元。

要求:不考虑其他因素。试分别计算乙公司3月31日资产负债表中"应付账款"项目"期末余额"栏的列报金额和"预付款项"项目"期末余额"栏的列报金额。

3. 2023年12月31日,甲公司"无形资产"账户借方余额为6 000 000元,"累计摊销"账户贷方余额为200 000元。

要求:试计算2023年12月31日甲公司资产负债表中"无形资产"项目"期末余额"栏的列报金额。

4. 2024年6月30日,丙公司有关账户余额如下:"库存商品"账户借方余额为400 000元,"原材料"账户借方余额为450 000元,"在途物资"账户借方余额为50 000元,"生产成本"账户借方余额为600 000元,"累计折旧"账户贷方余额为30 000元,"坏账准备"账户贷方余额为1 000元,"存货跌价准备"账户贷方余额为2 000元。

要求:试计算2024年6月30日丙公司资产负债表中"存货"项目"期末余额"栏的列报金额。

六、实训题

【目的】练习并掌握资产负债表的编制。

【资料】MN公司为增值税一般纳税人,2024年3月31日总账账户和部分明细账户期末余额,如表10-1所示。

表10-1 MN公司总账及有关明细账户期末余额表   单位:元

账户名称	借方余额	贷方余额
库存现金	1 000	
银行存款	191 000	
应收票据	2 000	
应收账款	13 000	
预付账款		30 000
坏账准备		5 000
原材料	70 000	
生产成本	45 000	
库存商品	100 000	
固定资产	800 000	
累计折旧		300 000

续 表

账 户 名 称	借 方 余 额	贷 方 余 额
在建工程	40 000	
无形资产	150 000	
短期借款		10 000
应付账款		80 000
应付职工薪酬		
应交税费		7 000
长期借款		80 000
实收资本		500 000
盈余公积		200 000
本年利润		300 000
利润分配	100 000	
合计	1 512 000	1 512 000

【要求】根据上述资料编制 MN 公司 2024 年 3 月资产负债表,见附表 10－1。

任务三　编制利润表

一、填空题

1. 利润表,又称_____,是反映企业在_____的_____报表。
2. 利润表的表体结构有_____和_____两种。我国企业的利润表采用_____格式。
3. 营业利润＝_____。
4. 利润总额＝_____。
5. 净利润＝_____。
6. 利润表编制的理论依据是_____的会计平衡公式。

二、单项选择题

1. 编制利润表所依据的会计等式是(　　)。

   A. 期初余额＋本期增加发生额－本期减少发生额＝期末余额

B. 资产＝负债＋所有者权益
C. 借方发生额＝贷方发生额
D. 收入－费用＝利润

2. 我国的利润表采用（　　）格式。
   A. 单步式　　　　B. 多步式　　　　C. 账户式　　　　D. 报告式

3. 利润表中的利润总额是以（　　）为基础来计算的。
   A. 营业外收入　　B. 营业成本　　　C. 营业利润　　　D. 营业收入

4. 2024年3月甲公司有关损益类账户发生额情况如下：主营业务收入220万元，其他业务收入15万元，营业外收入3万元，利息收入2万元，主营业务成本140万元，其他业务成本6万元，销售费用5万元，管理费用10万元，投资损失14万元。则该公司本期的营业利润为（　　）万元。
   A. 62　　　　　　B. 86　　　　　　C. 90　　　　　　D. 65

5. 2024年4月，乙公司确认短期借款利息6万元（不考虑增值税），收到银行活期存款利息收入2万元。开具银行承兑汇票支付手续费0.5万元（不考虑增值税）。不考虑其他因素，4月份企业利润表中"财务费用"项目的本期金额为（　　）万元。
   A. 4　　　　　　B. 4.5　　　　　　C. 6　　　　　　D. 8.5

6. 下列各项中，影响利润表中"营业利润"项目的是（　　）。
   A. 税金及附加　　B. 营业外收入　　C. 制造费用　　　D. 所得税费用

7. 下列各项中，影响企业利润表"利润总额"项目的是（　　）。
   A. 向供应商偿还的前欠货款
   B. 确认的所得税费用
   C. 收到投资者超过注册资本份额的出资额
   D. 向灾区捐款发生的支出

8. 下列各项中，影响利润表中"营业利润"项目的是（　　）。
   A. 有确凿证据表明确实无法收回的应收款项
   B. 属于自然灾害原因造成的存货毁损净损失
   C. 属于无法查明的原因的库存现金短缺
   D. 经查明确实无法支付的应付款项

三、多项选择题

1. 下列各项中，能够影响企业当期利润表中营业利润的有（　　）。
   A. 所得税费用　　　　　　　　B. 出售原材料取得的收入
   C. 产品广告费　　　　　　　　D. 无法支付的应付账款

2. 下列各项中，关于利润表项目本期金额填列方法表述正确的有（　　）。
   A. "销售费用"项目应根据"销售费用"账户的本期发生额分析填列
   B. "利润总额"项目应根据"本年利润"账户的本期发生额分析填列
   C. "税金及附加"项目应根据"应交税费"账户的本期发生额分析填列
   D. "营业收入"项目应根据"主营业务收入"和"其他业务收入"账户的本期发生额分

析填列
3. 下列各项中,不影响利润表中"营业利润"项目的有(　　)。
   A. 营业外支出　　B. 所得税费用　　C. 营业外收入　　D. 财务费用
4. 下列各项中,企业应在利润表"管理费用"项目中填列的有(　　)。
   A. 采购人员差旅费　　　　B. 行政管理部门员工薪酬
   C. 生产车间固定资产折旧费　　D. 发生的业务招待费
5. 下列各项中,不属于企业利润表中"营业外支出"项目列报内容的有(　　)。
   A. 出售固定资产确认的净损失　　B. 自然灾害造成的存货毁损净损失
   C. 捐赠支出　　　　　　　　　　D. 无法查明原因的库存现金盘亏
6. 下列各项中,应在制造业企业利润表"营业收入"项目列示的有(　　)。
   A. 客户违约的违约金收入　　B. 销售商品取得的收入
   C. 出租包装物的租金收入　　D. 提供劳务取得的收入
7. 下列各项中,应列入"营业成本"项目的有(　　)。
   A. 销售材料成本　　　　　　B. 经营出租固定资产折旧费
   C. 对外发生的公益性捐赠　　D. 收发计量原因引起存货盘亏
8. 丙公司2023年营业利润3 200万元,营业外收入600万元,营业外支出100万元,净利润2 845万元。关于该企业2023年度有关指标表述正确的有(　　)。
   A. 利润总额3 700万元　　B. 利润总额3 800万元
   C. 所得税费用500万元　　D. 所得税费用855万元
9. 下列项目中,应计入企业利润表的有(　　)。
   A. 短期借款利息　　　　　　B. 厂部管理人员工资
   C. 生产车间管理人员工资　　D. 销售部门固定资产折旧费
10. 下列项目中,影响本期营业利润计算的项目有(　　)。
    A. "主营业务收入"　　B. "管理费用"
    C. "资产减值损失"　　D. "投资收益"

四、判断题

1. 利润表项目主要是根据损益类账户的期末余额分析计算填列。(　)
2. 利润表中的"投资收益"项目是影响营业利润的因素。(　)
3. 所得税费用不会影响营业利润。(　)
4. 利润表中的"营业收入"是根据"主营业务收入""其他业务收入"和"营业外收入"账户的发生额合计填列。(　)
5. 利润表中的"营业成本"是根据"主营业务成本"和"其他业务成本"账户的发生额合计填列。(　)
6. 利润表中的"营业外收入"项目是影响利润总额的因素。(　)
7. 企业财务部门固定资产的折旧费应列入利润表"财务费用"项目。(　)
8. 通过利润表提供的数据,可以帮助报表使用者全面了解企业的资产、负债状况及资本结构,评价和预测企业偿还债务的能力。(　)

五、计算题

1. 甲公司 2024 年 5 月发生营业收入 1 500 万元,营业成本 800 万元,销售费用 20 万元,管理费用 60 万元,投资收益 40 万元,资产减值损失 70 万元,营业外收入 15 万元,营业外支出 20 万元。
   要求:试计算 2024 年 5 月甲公司利润表中"营业利润"项目的本期列报金额。

2. 丁公司 2024 年 6 月的主营业务收入为 1 700 万元,主营业务成本为 1 000 万元,税金及附加为 60 万元,销售费用为 100 万元,管理费用为 110 万元,财务费用为 19 万元,营业外收入为 14 万元,营业外支出为 25 万元,其他业务收入为 200 万元,其他业务成本 100 万元,适用的企业所得税率为 25%。
   要求:试分别计算 2024 年 6 月丁公司利润表中"营业利润""利润总额""净利润"项目的本期列报金额。

六、实训题

【目的】掌握利润表的编制方法。

【资料】HY 公司为增值税一般纳税人,企业所得税适用税率为 25%,无纳税调整事项。2024 年 4 月有关账户结账前余额,如表 10-2 所示。

表 10-2　HY 公司账户余额表

2024 年 4 月　　　　　　　　　　　　　　　　　　　　　单位:元

账 户 名 称	借 方 余 额	贷 方 余 额
主营业务收入		1 224 000
其他业务收入		18 000
营业外收入		8 000
投资收益	3 000	
主营业务成本	542 000	
其他业务成本	13 200	
税金及附加	5 800	
销售费用	2 200	
管理费用	50 970	
财务费用	7 000	
营业外支出	2 030	

【要求】根据上述资料编制 HY 公司 2024 年 4 月利润表,见附表 10-2。

项目十一 账务处理程序

任务一 认知账务处理程序

一、填空题

1. 账务处理程序,是指_____、_____、_____相结合的方式,包括账簿组织和记账程序。
2. 账簿组织是指_____和_____的种类、格式,会计凭证与会计账簿之间的关联方式。
3. 记账程序是指由填制、审核_____到填制、审核_____,登记日记账、明细分类账和总分类账,编制财务报表的工作程序和方法等。
4. 常用的账务处理程序主要有:_____账务处理程序、_____账务处理程序、_____账务处理程序、_____账务处理流程等。
5. 各种账务处理程序的主要区别在于登记总分类账的_____和_____不同。

二、单项选择题

1. 不同账务处理程序的根本区别是(　　)。
   A. 编制财务报表的依据不同　　　B. 编制汇总记账凭证的依据不同
   C. 登记总分类账的依据不同　　　D. 编制汇总原始凭证的依据不同
2. 在各种账务处理程序下,不能作为直接登记总账依据的是(　　)。
   A. 原始凭证　　　　　　　　　　B. 记账凭证
   C. 科目汇总表　　　　　　　　　D. 汇总记账凭证

三、多项选择题

1. 总分类账登记的依据有(　　)。
   A. 汇总原始凭证　　B. 科目汇总表　　C. 原始凭证　　D. 记账凭证
2. 各种账务处理程序的共同点有(　　)。
   A. 均应编制记账凭证　　　　　　B. 均应编制汇总记账凭证
   C. 均应编制科目汇总表　　　　　D. 均应设置总账
3. 企业选择账务处理程序的意义有(　　)。
   A. 有利于规范会计核算工作组织　B. 有利于保证会计记录的完整性和正确性

C. 有利于保证会计核算工作质量　　D. 有利于提高会计核算工作效率

四、判断题

1. 账务处理程序，是指会计凭证、会计账簿和财务报表相结合的方式，包括账簿组织和记账程序。（　　）
2. 账务处理程序不同，明细分类账登记的依据就不同。（　　）
3. 在手工记账的情况下，企业采用何种账务处理程序，不要求统一，应根据各单位规模大小、业务繁简、经营业务特点而定。（　　）
4. 企业采用的账务处理程序不同，编制财务报表的依据也不相同。（　　）
5. 各个企业的业务性质、规模大小、经营管理上的要求不同，企业应根据自身的特点，制定出合适的账务处理程序。（　　）
6. 企业保证会计核算工作质量、提高会计核算工作效率、降低会计核算工作成本的一个重要措施就是选用适合企业的账务处理程序。（　　）

任务二　记账凭证账务处理程序

一、填空题

1. 记账凭证账务处理程序是指对发生的经济业务，先根据原始凭证或汇总原始凭证填制＿＿＿＿＿＿，再直接根据＿＿＿＿＿＿登记总分类账的一种账务处理程序。
2. ＿＿＿＿＿＿＿＿＿＿＿＿＿＿是记账凭证账务处理程序的特点。
3. 记账凭证账务处理程序的优点是：直接根据记账凭证逐笔登记总分类账，总分类账能够详细地反映经济业务的发生情况，＿＿＿＿＿，＿＿＿＿＿，＿＿＿＿＿。账户之间的＿＿＿＿＿＿比较清楚，便于账目核对。
4. 记账凭证账务处理程序的缺点是：企业经济业务量较大时，根据记账凭证逐笔登记总分类账，登记＿＿＿＿＿＿的工作量较大。
5. 记账凭证账务处理程序适用于规模＿＿＿＿＿、经济业务量＿＿＿＿＿的单位。

二、单项选择题

1. 规模较小、业务简单、使用会计科目较少的单位一般适宜采用（　　）。
   A. 科目汇总表核算组织程序　　B. 日记总账核算组织程序
   C. 记账凭证核算组织程序　　　D. 汇总记账凭证核算组织程序
2. 最基本的账务处理程序是（　　）。
   A. 科目汇总表账务处理程序　　B. 汇总记账凭证账务处理程序
   C. 记账凭证账务处理程序　　　D. 多栏式日记账账务处理程序
3. 直接根据记账凭证逐笔登记总分类账的账务处理程序是（　　）。
   A. 汇总记账凭证账务处理程序　B. 日记总账账务处理程序
   C. 科目汇总表账务处理程序　　D. 记账凭证账务处理程序

4. 下列各项中,属于记账凭证账务处理程序主要缺点的是( )。
   A. 不能体现账户的对应关系   B. 方法不易掌握
   C. 不便于会计合理分工   D. 登记总账的工作量较大

三、多项选择题

1. 在记账凭证账务处理程序下,应设置( )。
   A. 收款、付款、转账凭证或通用记账凭证
   B. 科目汇总表
   C. 库存现金和银行存款日记账
   D. 总分类账和明细分类账
2. 采用记账凭证核算组织程序时,期末应将( )与总分类账进行核对。
   A. 明细分类账   B. 汇总原始凭证
   C. 银行存款日记账   D. 库存现金日记账
3. 可以作为记账凭证账务处理程序的记账凭证种类有( )。
   A. 通用记账凭证   B. 付款凭证   C. 转账凭证   D. 收款凭证
4. 记账凭证账务处理程序的优点有( )。
   A. 账户之间的对应关系比较清楚,便于账目核对
   B. 减轻了登记总分类账的工作量
   C. 简单明了,易于理解
   D. 总分类账能够详细地记录经济业务发生情况
5. 下列各项中,关于记账凭证账务处理程序表述正确的有( )。
   A. 登记总分类账的工作量较大
   B. 只适用于一些规模大、业务量多、凭证多的单位
   C. 总分类账可以较详细地反映交易或者事项的发生情况,便于查账、对账
   D. 账务处理程序简单明了,易于理解

四、判断题

1. 记账凭证账务处理程序的特点是直接根据各种记账凭证逐笔登记明细分类账。
   ( )
2. 记账凭证账务处理程序适用于规模小、业务量大、凭证也较多的单位。 ( )
3. 在记账凭证核算组织程序下,需设置收款凭证、付款凭证、转账凭证和汇总记账凭证。
   ( )
4. 在记账凭证账务处理程序下,记账凭证就是指通用记账凭证。 ( )

五、实训题

实训一

【目的】运用记账凭证账务处理程序。
【资料】东海公司 2024 年 12 月发生的经济业务见项目五任务一至任务五实训题,

经济业务发生的时间顺序见附录2。

【要求】

(1) 根据经济业务,填制记账凭证。

(2) 采用记账凭证账务处理程序,登记银行存款总账,见附表11-1。银行存款总账期初余额为3 086 750元。

实训二

【目的】结合填制记账凭证,进一步熟练运用记账凭证账务处理程序。

【资料】上海智信公司2024年7月发生以下经济业务:

(1) 1日,出纳储娜开出现金支票一张5 000元,从银行提现以备日常开支需要。

(2) 2日,职工李云因公出差,经财务部门负责人批准从财务科借现金1 500元。

(3) 3日,接银行通知,上海宁海易购公司上月的货款260 000元到账。

(4) 4日,销售给渤海公司xsq芯片100件,单价为10 000元,增值税税率为13%,商品已按对方要求发出,款项未收。

(5) 5日,从上海科技电子有限公司购进xsq晶圆100片,单价为5 000元,增值税税率为13%,材料到达并办理入库,开出转账支票一张。

(6) 6日,车间领用xsq晶圆300片,发出单价为5 000元,用于xsq芯片产品生产。

(7) 7日,开出转账支票一张,购买纸张等办公用品1 000元并交付使用,取得增值税普通发票。

(8) 8日,用银行存款支付广告费1 000元,取得增值税普通发票。

(9) 10日,通过银行,付清上月欠上海新质电子有限公司货款70 000元。

(10) 15日,收到银行转来的委托通知书,支付本月电话费2 440元,取得增值税普通发票。

(11) 20日,收到4日销售给渤海公司商品的款项存入银行。

(12) 21日,车间领用xsq晶圆400元,用于一般消耗。

(13) 22日,从银行提现1 000元备用。

(14) 25日,按本月职工出勤情况,由开户银行代发工资102 000元。

(15) 26日,向上海易购公司销售xsq芯片一批,价款及增值税款226 000元均通过银行收讫,其中价款为200 000元。

(16) 27日,计算本月应付利息1 177元(利息按月计提、按季结算支付)。

(17) 28日,编制工资费用分配表。其中,xsq芯片生产工人工资为80 000元,车间管理人员工资为12 600元,行政管理人员工资为9 400元。

(18) 29日,计提本月固定资产折旧。其中,车间设备应提折旧13 600元,行政管理部门固定资产应提折旧7 600元。

(19) 29日,李云出差归来报销1 520元,差额部分现金付讫。

(20) 30日,结转本月管理费用。

【要求】

(1) 根据经济业务,填制记账凭证(以会计分录代替)。

(2) 采用记账凭证账务处理程序,登记应收账款总账,见附表 11-2。应收账款总账期初余额为 260 000 元。

任务三　科目汇总表账务处理程序

一、填空题

1. 科目汇总表账务处理程序,亦称_____账务处理程序,是根据记账凭证定期汇总编制_____,再根据_____登记总分类账的一种账务处理程序。
2. 科目汇总表账务处理程序的主要特点是先根据_____定期汇总编制科目汇总表、再依据科目汇总表登记_____。
3. 科目汇总表账务处理程序的优点:可以利用科目汇总表的汇总结果进行_____的试算平衡,借以检验_____的正确性;可以_____登记总账的工作量。
4. 科目汇总表账务处理程序的缺点:科目汇总表不能清晰地反映_____的对应关系,难以从总账账户反映经济业务的来龙去脉,不利于对账目进行检查。
5. 科目汇总表账务处理程序适用于规模_____、经济业务量_____的单位。
6. 科目汇总表,是根据一定会计期间编制的全部_____,按照相同_____进行归类,定期(每 5 天、10 天、15 天或 1 个月一次)分别汇总各个账户的_____和_____,并据以登记总账的一种汇总凭证。
7. 编制科目汇总表的意义在于依据科目汇总表中各科目的_____登记有关_____,可以大大简化登记_____的工作量。

二、单项选择题

1. 下列各项中,属于科目汇总表汇总范围的是(　　)。
   A. 全部科目的借、贷方余额　　　　B. 全部科目的贷方余额
   C. 全部科目的借方余额　　　　　　D. 全部科目的借、贷方发生额
2. 科目汇总表的缺点主要是不能反映(　　)。
   A. 账户对应关系　　　　　　　　　B. 账户借方、贷方余额合计
   C. 账户借方、贷方发生额　　　　　D. 账户借方、贷方发生额合计
3. 科目汇总表的编制方法是(　　)。
   A. 按照相同科目的贷方归类,定期汇总贷方发生额
   B. 按照相同科目的借方归类,定期汇总借方发生额
   C. 按照相同科目的借贷方归类,定期汇总借贷方发生额
   D. 按照相同科目的借贷方归类,定期汇总其余额
4. 下列各项中,关于科目汇总表账务处理程序说法正确的是(　　)。
   A. 与记账凭证账务处理程序相比,增加了编制汇总记账凭证的程序

B. 登记总账的直接依据是科目汇总表

C. 登记总账的直接依据是记账凭证

D. 编制财务报表的直接依据是科目汇总表

5. 科目汇总表账务处理程序，简化了登记总账的工作量，同时也起到了（　　）的作用。

  A. 简化明细账的登记工作　　　　　B. 发生额试算平衡

  C. 简化报表的编制工作　　　　　　D. 反映账户对应关系

6. 编制科目汇总表的直接依据是（　　）。

  A. 汇总记账凭证　　　　　　　　　B. 汇总原始凭证

  C. 原始凭证　　　　　　　　　　　D. 记账凭证

7. 科目汇总表账务处理程序适用于（　　）。

  A. 规模较大、业务量较多的单位　　B. 规模较大、采用专用记账凭证的单位

  C. 规模较小、采用专用记账凭证的单位　D. 规模较小、业务量较少的单位

三、多项选择题

1. 科目汇总表账务处理程序不同于记账凭证账务处理程序的步骤包括（　　）。

  A. 根据记账凭证编制科目汇总表

  B. 根据科目汇总表登记总分类账

  C. 根据原始凭证填制汇总原始凭证

  D. 根据原始凭证或汇总原始凭证填制记账凭证

2. 科目汇总表的编制方法有（　　）。

  A. 根据记账凭证按相同会计科目编制

  B. 定期汇总每一会计科目的借贷方发生额之差

  C. 定期汇总每一会计科目的借方发生额和贷方发生额

  D. 将汇总的有关发生额分别填入科目汇总表的相应栏目内

3. 下列各项中，属于科目汇总表作用的有（　　）。

  A. 反映各科目的期末余额　　　　　B. 反映各科目的借、贷方本期发生额

  C. 减少登记总账的工作量　　　　　D. 试算平衡

4. 在各种账务处理程序中，能够减少登记总账工作量的账务处理程序有（　　）。

  A. 汇总记账凭证账务处理程序　　　B. 科目汇总表账务处理程序

  C. 记账凭证账务处理程序　　　　　D. 多栏式日记账账务处理程序

5. 在各种账务处理程序下，可作为登记明细账依据的有（　　）。

  A. 汇总记账凭证　　　　　　　　　B. 汇总原始凭证

  C. 记账凭证　　　　　　　　　　　D. 原始凭证

6. 各种账务处理程序的相同之处表现为（　　）。

  A. 登记总账的依据和方法相同

  B. 编制财务报表的依据和方法相同

  C. 登记库存现金、银行存款日记账的依据和方法相同

D. 登记明细账的依据和方法相同
7. 下列各项中,关于科目汇总表账务处理程序说法正确的有(　　)。
   A. 根据原始凭证或汇总原始凭证编制记账凭证
   B. 根据记账凭证及所附的原始凭证和汇总原始凭证登记明细分类账
   C. 根据明细分类账登记总分类账
   D. 根据记账凭证编制科目汇总表
8. 科目汇总表账务处理程序优点有(　　)。
   A. 能反映账户对应关系   B. 便于试算平衡
   C. 反映内容详细   D. 减少登记总账工作量

四、判断题

1. 科目汇总表不仅能起到试算平衡的作用,而且可以反映账户之间的对应关系。
  (　　)
2. 总账的登记依据可以是明细账或日记账。 (　　)
3. 科目汇总表账务处理程序下,总分类账均应依据科目汇总表登记。 (　　)
4. 同一企业可以同时采用几种不同的账务处理程序。 (　　)
5. 可以根据科目汇总表登记相关明细账。 (　　)
6. 会计核算组织程序不同,库存现金日记账和银行存款日记账登记的依据也不同。
  (　　)
7. 科目汇总表账务处理程序下,总分类账需逐日、逐笔登记。 (　　)
8. 采用科目汇总表账务处理程序时,总分类账的登记时间随科目汇总表的编制时间而定。 (　　)
9. 无论在哪种会计核算组织程序下,原始凭证都不能直接用来登记总分类账和明细分类账。 (　　)
10. 在科目汇总表核算组织程序下,其突出的优点是大大减少了登记总账的工作量。
  (　　)
11. 编制科目汇总表的直接依据是汇总记账凭证。 (　　)
12. 无论哪种会计核算组织程序,在编制财务报表前都要核对账目。 (　　)
13. 科目汇总表账务处理程序下,企业应直接根据记账凭证逐笔登记总分类账。
  (　　)
14. 企业不论采用何种账务处理程序,都必须设置日记账、总分类账和明细分类账。
  (　　)
15. 科目汇总表账务处理程序是以科目汇总表为依据直接登记总账和明细账。(　　)
16. 科目汇总表账务处理程序只适用于经济业务不太复杂的中小型单位。 (　　)
17. 在编制科目汇总表时,为了便于科目归类汇总,要求所有记账凭证中的科目对应关系只能是一个借方科目与一个贷方科目相对应。 (　　)
18. 在科目汇总表账务处理程序下,记账凭证是登记日记账和明细分类账、编制科目汇总表的依据。 (　　)

五、实训题

实训一

【目的】运用科目汇总表账务处理程序。

【资料】东海公司2024年12月发生的经济业务见项目五任务一至任务五实训题，经济业务发生的时间顺序见附录2。

【要求】采用科目汇总表账务处理程序（每旬汇总编制一次科目汇总表），登记银行存款总账，见附表11-3。银行存款总账期初余额为3 086 750元。

实训二

【目的】进一步熟练运用科目汇总表账务处理程序。

【资料】上海智信公司2024年7月发生的经济业务，见项目十一任务二实训二。

【要求】

（1）根据记账凭证每半个月汇总编制科目汇总表，见附表11-4、附表11-5。

（2）采用科目汇总表账务处理程序，登记应收账款总账，见附表11-6。应收账款总账期初余额为260 000元。

任务四　会计信息化环境下的账务处理流程

一、填空题

1. 会计信息化，是指利用_____、_____等现代信息技术手段开展会计信息化核算，以及利用上述技术手段将_____与其他_____有机结合的过程。
2. 会计软件，是指企业使用的，专门用于_____、_____的计算机软件、软件系统或者其功能模块。
3. 会计信息系统，是指由_____所依赖的软硬件环境组成的集合体。
4. 会计信息系统按其发展程度可分为三个层次，分别是_____、_____、_____、_____。

二、单项选择题

1. 会计信息系统按其发展程度，在会计核算信息化阶段不包括（　　）。
   A. 生成会计凭证　　　　　　　B. 为会计核算直接采集数据
   C. 生成会计报表　　　　　　　D. 决策支持信息化
2. 会计信息系统按其发展程度，建立财务共享中心的企业已经超越（　　）阶段。
   A. 会计工作集中处理　　　　　B. 风险控制决策支持信息化
   C. 会计信息共享　　　　　　　D. 资金管理信息化

三、多项选择题

1. 会计信息化环境下的账务处理工作岗位包括（　　　）。
   A. 业务人员　　　　　　　　　　B. 凭证编制人员
   C. 记账人员　　　　　　　　　　D. 结账人员
2. 会计信息化环境下，系统初始化设置之后的账务处理基本流程包括（　　　）。
   A. 经济业务发生或完成时，业务人员在信息系统中将原始凭证提交会计部门
   B. 凭证审核人员获取记账凭证并进行审核，对审核通过的记账凭证做审核标记，将审核不通过的凭证在系统中退回给凭证编制人员
   C. 记账人员发出记账指令，由系统自动对已审核凭证进行记账、对相关凭证做记账标记。出现错账时，可以进行反记账操作
   D. 期末，结账人员发出指令进行结账操作。如果在结账后发现有错账，可以进行反结账操作和反记账操作
3. 企业会计信息化对（　　　）具有重要意义。
   A. 提升会计信息质量　　　　　　B. 改善企业经营管理
   C. 有效履行会计职能　　　　　　D. 提高会计工作效率

四、判断题

1. 会计信息化环境下，业务信息和会计信息按事先设定的计算机程序以图片形式汇总于数据库。（　　　）
2. 会计信息化环境下，可以利用OCR技术识别原始凭证，并可以在技术上实现由会计信息系统生成记账凭证的功能。（　　　）
3. 企业开展会计信息化工作，应根据发展目标和实际需要，合理确定会计信息化建设内容，避免投资浪费。（　　　）
4. 会计信息化环境下的错账更正方法与手工环境下错账更正方法相同。（　　　）
5. 会计信息化环境下，可以通过RPA技术实现自动开票的功能。（　　　）
6. 会计信息化环境下，会计凭证信息在会计信息系统中不存在传递程序的问题。（　　　）
7. 实行会计信息化的单位，采用通用记账凭证会提高计算机检索效率。（　　　）
8. 会计信息化条件下，登记账簿是在记账人员发出记账指令后由系统自动完成，极大地减少了登账工作量。（　　　）
9. 会计信息化条件下，对账工作全部由会计信息系统自动完成。（　　　）
10. 会计信息化条件下，资产负债表"期末余额"栏和"年初余额"栏的取数口径与手工环境下的取数口径是一致的。（　　　）

项目十二　保管会计档案

任务一　整理和装订会计资料

一、填空题

1. 对于数量过多的原始凭证，可以单独装订保管，在封面上注明记账凭证日期、编号、种类，同时在记账凭证上注明_____和原始凭证名称及编号。
2. 对纸张面积过小的原始凭证，可以采用在_____上（或白纸上）粘贴的方法整理凭证。
3. 会计凭证的装订是指将整理完毕并分好册的会计凭证加具_____，装订成册，并在_____上加贴封签的一系列工作。

二、单项选择题

1. 下列各项中，关于装订活页式账簿说法正确的是（　　）。
   A. 将空白账页划线注销，注明"此页空白"
   B. 应撤出未使用的空白账页，再整理成册
   C. 所有活页式账簿合并整理装订成一册
   D. 以上说法都不对
2. 下列各项中，关于装订会计账簿说法正确的是（　　）。
   A. 一般采用角订法装订　　　　B. 所有账簿合并整理装订成一册
   C. 一般采用侧订法装订　　　　D. 以上说法都不对

三、多项选择题

1. 下列各项中，关于整理面积过大原始凭证说法正确的有（　　）。
   A. 按照记账凭证的大小、尺寸折叠
   B. 去除金属物如大头针、订书钉等
   C. 折叠时原始凭证的左上角或左侧面应与记账凭证平齐
   D. 折叠时应注意将原始凭证的左上角或左侧面空出
2. 装订会计凭证时，会计凭证封面应注明（　　）。
   A. 单位名称　　B. 年度和月份　　C. 凭证张数　　D. 凭证起讫号数
3. 整理会计凭证时，将数量过多的原始凭证单独装订保管，下列各项说法中，正确的有（　　）。

A. 封面上注明记账凭证日期、种类、编号
B. 在记账凭证上注明"附件另订"
C. 在凭证封面上注明"附件另订"
D. 在记账凭证上注明原始凭证名称及编号

四、判断题

1. 会计凭证应定期装订成册，防止散失。（   ）
2. 不同保管期限的会计资料应分别装入不同的档案盒。（   ）

五、实训题

【目的】掌握会计凭证装订方法。

【资料】东海公司 2024 年 12 月填制的记账凭证，见项目十一任务二实训一的作业结果。

【要求】整理凭证，加具凭证封面封底，装订会计凭证。

任务二　管理会计档案

一、填空题

1. 会计档案的保管期限分为_____、_____两类。
2. 会计档案的保管期限，从_____算起。
3. 单位应当定期对已到保管期限的会计档案进行鉴定，并形成_____。
4. 会计档案鉴定工作应当由_____牵头，组织单位_____、_____、_____等机构或人员共同进行。
5. _____负责组织会计档案销毁工作，并与_____共同派员监销。
6. 单位会计管理机构在办理会计档案移交时，应当编制_____，并按照国家档案管理的有关规定办理移交手续。

二、单项选择题

1. 下列各项中，关于会计账簿管理的说法错误的是（   ）。
   A. 各种会计账簿要分工明确，指定专人管理
   B. 会计账簿要妥善保管，任何人不得翻阅查看、摘抄和复制
   C. 会计账簿一般不得携带外出
   D. 会计账簿不得随意交给其他人管理
2. 会计账簿由本单位财务部门保管期满后，由（   ）编制会计档案移交清册后移交本单位档案部门保管。

A. 会计档案保管部门　　　　　　B. 本单位行政部门
C. 本单位财务会计部门　　　　　D. 审计部门

3. 下列各项中,关于会计凭证的保管说法不正确的是(　　)。
   A. 会计凭证应定期装订成册,防止散失
   B. 会计主管人员和保管人员应在封面上签章
   C. 原始凭证不得外借,其他单位如有特殊原因确实需要使用时,经本单位会计机构负责人、会计主管人员批准,可以复印
   D. 经单位领导批准,会计凭证在保管期满前可以销毁

三、多项选择题

1. 下列各项中,关于会计账簿的更换和保管说法正确的有(　　)。
   A. 总账、日记账和多数明细账每年更换一次
   B. 变动较小的明细账可以连续使用,不必每年更换
   C. 备查账不可以连续使用
   D. 会计账簿由本单位财务会计部门保管半年后,交由本单位档案管理部门保管

2. 其他单位因特殊原因需要使用本单位的原始凭证,做法正确的有(　　)。
   A. 可以外借
   B. 将外借的会计凭证拆封抽出
   C. 不得外借,经本单位会计机构负责人、会计主管人员批准,可以复制
   D. 将向外单位提供的凭证复印件在专设的登记簿上登记

3. 下列各项中,属于会计档案中其他会计资料的有(　　)。
   A. 银行对账单　　　　　　　　B. 纳税申报表
   C. 其他辅助性账簿　　　　　　D. 会计档案鉴定意见书

4. 下列各项中,保管期限为30年的会计档案有(　　)。
   A. 会计凭证　　　　　　　　　B. 总账、明细账和日记账
   C. 会计档案保管清册　　　　　D. 会计档案移交清册

5. 下列各项中,保管期限为10年的会计档案有(　　)。
   A. 中期财务会计报告　　　　　B. 银行存款余额调节表
   C. 银行对账单　　　　　　　　D. 纳税申报表

6. 下列各项中,关于会计档案移交说法正确的有(　　)。
   A. 编制移交清册
   B. 纸质会计档案移交时应当保持原卷的封装
   C. 电子会计档案移交时应当将电子会计档案及其元数据一并移交
   D. 特殊格式的电子会计档案应当与其读取平台一并移交

四、判断题

1. 会计账簿的保管期满后,可由会计人员自行销毁。　　　　　　　　　　(　　)
2. 会计档案不包括从供应商处取得的电子增值税专用发票。　　　　　　(　　)

3. 单位会计管理机构临时保管会计档案最长不超过 3 年。　　　　（　）
4. 出纳人员可以兼管会计档案。　　　　　　　　　　　　　　　（　）
5. 保管期满但未结清的债权债务会计凭证和涉及其他未了事项的会计凭证不得销毁，纸质会计档案应当单独抽出立卷，电子会计档案单独转存，保管至未了事项完结时为止。　　　　　　　　　　　　　　　　　　　　　　　　　　　（　）
6. 电子会计档案移交时应当将电子会计档案及其元数据一并移交，且文件格式应当符合国家档案管理的有关规定。特殊格式的电子会计档案应当与其读取平台一并移交。　　　　　　　　　　　　　　　　　　　　　　　　　　　　　　（　）
7. 会计账簿的保管期限为 30 年。　　　　　　　　　　　　　　（　）
8. 年度财务会计报告的保管期限为 30 年。　　　　　　　　　　（　）
9. 记账凭证的保管期限为 30 年。　　　　　　　　　　　　　　（　）
10. 固定资产卡片的保管期限为固定资产报废清理后保管 5 年。　（　）

附录 1　任务工单

项目一任务一　认知会计

姓名		班级		复核意见		复核人	
学号		日期				学号	
工作任务完成情况评价							
项目	评价标准			学生自评		小组互评		
	考核内容	评分标准	标准分值	扣分的知识点、技能点	得分			
知识储备	填空	每空1分	14					
	单选	每小题4分	32					
	多选	每小题4分	32					
	判断	每小题2分	22					
技能训练	计算							
	实训							
合计			100					
任务总结	□ 完全掌握。个人体会是＿＿＿＿＿＿＿＿＿＿＿＿＿＿＿＿＿＿＿＿＿＿＿＿＿＿＿＿＿＿ □ 基本掌握。存在问题是＿＿＿＿＿＿＿＿＿＿＿＿＿＿＿＿＿＿＿＿＿＿＿＿＿＿＿＿＿＿ □ 未掌握。主要原因是＿＿＿＿＿＿＿＿＿＿＿＿＿＿＿＿＿＿＿＿＿＿＿＿＿＿＿＿＿＿＿						
具体工作任务							
知识储备	一、填空题 　1.＿＿＿＿，＿＿＿＿，＿＿＿＿，＿＿＿＿，＿＿＿＿，＿＿＿＿，＿＿＿＿ 　2.＿＿＿＿，＿＿＿＿，＿＿＿＿ 　3.＿＿＿＿，＿＿＿＿，＿＿＿＿，＿＿＿＿ 二、单项选择题 　1.　2.　3.　4.　5.　6.　7.　8. 三、多项选择题 　1.　2.　3.　4.　5.　6.　7.　8. 四、判断题 　1.　2.　3.　4.　5.　6.　7.　8. 　9.　10.　11.						
技能训练	（无）						

项目一任务二 认知会计工作组织及我国现行会计法规体系

姓名		班级		复核意见		复核人	
学号		日期				学号	
工作任务完成情况评价							
项目	评价标准			学生自评			小组互评	
	考核内容	评分标准	标准分值	扣分的知识点、技能点		得分	
知识储备	填空	每空 5 分	40				
	单选	每小题 8 分	24				
	多选	每小题 8 分	24				
	判断	每小题 3 分	12				
技能训练	计算						
	实训						
合计			100				
任务总结	□ 完全掌握。个人体会是_____ □ 基本掌握。存在问题是_____ □ 未掌握。主要原因是_____						
具体工作任务							
知识储备	一、填空题 　1._____，_____ 　2._____，_____，_____ 　3._____，_____，_____ 二、单项选择题 　1.　　2.　　3. 三、多项选择题 　1.　　2.　　3. 四、判断题 　1.　　2.　　3.　　4.						
技能训练	（无）						

项目一任务三　认知会计基本假设、会计核算基础及会计信息质量要求

姓名		班级		复核意见		复核人	
学号		日期				学号	

<table>
<tr><td colspan="7" align="center">工作任务完成情况评价</td></tr>
<tr><td rowspan="2">项目</td><td colspan="3">评价标准</td><td colspan="2">学生自评</td><td rowspan="2">小组互评</td></tr>
<tr><td>考核内容</td><td>评分标准</td><td>标准分值</td><td>扣分的知识点、技能点</td><td>得分</td></tr>
<tr><td rowspan="4">知识储备</td><td>填空</td><td>每空 2 分</td><td>20</td><td></td><td></td><td></td></tr>
<tr><td>单选</td><td>每小题 2 分</td><td>24</td><td></td><td></td><td></td></tr>
<tr><td>多选</td><td>每小题 3 分</td><td>24</td><td></td><td></td><td></td></tr>
<tr><td>判断</td><td>每小题 2 分</td><td>16</td><td></td><td></td><td></td></tr>
<tr><td rowspan="2">技能训练</td><td>计算</td><td></td><td></td><td></td><td></td><td></td></tr>
<tr><td>实训</td><td>每项 1 分</td><td>16</td><td></td><td></td><td></td></tr>
<tr><td colspan="2">合计</td><td></td><td>100</td><td></td><td></td><td></td></tr>
<tr><td>任务总结</td><td colspan="6">□ 完全掌握。个人体会是_____
□ 基本掌握。存在问题是_____
□ 未掌握。主要原因是_____</td></tr>
<tr><td colspan="7" align="center">具体工作任务</td></tr>
<tr><td>知识储备</td><td colspan="6">一、填空题
1._____，_____，_____，_____
2._____，_____
3._____，_____，_____，_____
二、单项选择题
1.　　2.　　3.　　4.　　5.　　6.　　7.　　8.
9.　　10.　　11.　　12.
三、多项选择题
1.　　2.　　3.　　4.　　5.　　6.　　7.　　8.
四、判断题
1.　　2.　　3.　　4.　　5.　　6.　　7.　　8.</td></tr>
<tr><td>技能训练</td><td colspan="6">五、实训题
（附表 1-1）</td></tr>
</table>

附表 1-1　　　　按权责发生制、收付实现制确认收入或费用　　　　金额单位：元

业务序号	权责发生制		收付实现制	
	确认收入	确认费用	确认收入	确认费用
(1)				
(2)				
(3)				
(4)				
(5)				
(6)				
(7)				
(8)				

项目二任务一　理解经济业务与会计对象

姓名		班级		复核意见		复核人	
学号		日期				学号	
工作任务完成情况评价							
项目	评价标准			学生自评			小组互评	
	考核内容	评分标准	标准分值	扣分的知识点、技能点		得分	
知识储备	填空	每空1分	31				
	单选	每小题4分	20				
	多选	每小题4分	16				
	判断	每小题3分	9				
技能训练	计算						
	实训	每项3分	24				
合计			100				
任务总结	□ 完全掌握。个人体会是_____ □ 基本掌握。存在问题是_____ □ 未掌握。主要原因是_____						
具体工作任务							
知识储备	一、填空题 1. _____，_____ 2. _____，_____，_____ 3. ____，____，_____，____，____ 4. _____，_____，_____ 5. _____，_____，_____，_____ 6. _____，_____，_____，_____，_____，_____ 7. _____，_____，_____，_____，_____ 8. _____ 二、单项选择题 　1.　　2.　　3.　　4.　　5. 三、多项选择题 　1.　　2.　　3.　　4. 四、判断题 　1.　　2.　　3.						
技能训练	五、实训题 （附表2-1）						

附表 2-1　　　　　　　　　　　会计对象判断

序号	经 济 活 动	是会计对象（打"√"）	不是会计对象（打"√"）
1	支付购买材料的货款		
2	销售产品,收到款项		
3	制订销售计划		
4	企业作出扩大经营规模的经济决策		
5	支付工人工资		
6	收到客户前欠的购货款		
7	与客户签订销售合同		
8	企业召开董事会		

项目二任务二　辨识会计要素

姓名		班级		复核意见		复核人	
学号		日期				学号	
工作任务完成情况评价							
项目	评价标准			学生自评		小组互评		
	考核内容	评分标准	标准分值	扣分的知识点、技能点	得分			
知识储备	填空	每空 0.5 分	34					
	单选	每小题 1 分	12					
	多选	每小题 2 分	28					
	判断	每小题 1 分	14					
技能训练	计算							
	实训	每项 1 分	12					
	合计		100					
任务总结	☐ 完全掌握。个人体会是_____ ☐ 基本掌握。存在问题是_____ ☐ 未掌握。主要原因是_____						
具体工作任务							
知识储备	一、填空题 1. _____，_____，_____ 2. _____，_____，_____，_____，_____，_____ 3. _____，_____，_____，_____ 4. _____，_____，_____，_____ 5. _____，_____，_____ 6. _____，_____ 7. _____，_____，_____ 8. _____，_____ 9. _____，_____ 10. _____，_____，_____，_____ 11. _____，_____，_____ 12. _____，_____ 13. _____，_____，_____ 14. _____，_____ 15. _____，_____，_____						

续 表

知识储备	16. _____，_____，_____
	17. _____，_____
	18. _____，_____，_____
	19. _____
	20. _____，_____，_____
	21. _____，_____，_____
	22. _____，_____
	23. _____，_____，_____
	二、单项选择题
	    1. 2. 3. 4. 5. 6. 7. 8.
	    9. 10. 11. 12.
	三、多项选择题
	    1. 2. 3. 4. 5. 6. 7. 8.
	    9. 10. 11. 12. 13. 14.
	四、判断题
	    1. 2. 3. 4. 5. 6. 7. 8.
	    9. 10. 11. 12. 13. 14.

技能训练	五、实训题 实训一(附表2-2) 实训二(附表2-3)

注：实训二另作评价。

附表 2-2　　　　　　　　　　　会计要素辨别表　　　　　　　　　　　单位：元

序号	会计要素项目	资产	负债	所有者权益	备注
1	存在银行的款项 1 182 350 元				
2	某公司投入的资本 6 500 000 元				
3	生产车间用厂房 3 500 000 元				
4	库存的晶圆材料 1 600 000 元				
5	应付某公司的材料款 165 000 元				
6	向银行借入的短期借款 1 000 000 元				
7	库存的芯片产品 4 300 000 元				
8	尚未缴纳的税费 180 000 元				
9	本月实现的利润 738 870 元				
10	提取的盈余公积 2 000 000 元				
11	财会部门保管的现金 1 520 元				
12	暂付采购员借支差旅费 6 000 元				

附表 2-3　　　　　　　　　　　会计要素辨别表　　　　　　　　　　　单位：元

序号	会计要素项目	收入	费用	利润	备注
1	企业销售产品实现收入 500 000 元				
2	股东追加的投资 300 000 元				
3	车间生产产品耗用原材料 237 960 元				
4	行政管理部门耗用水电费 4 500 元				
5	因销售产品产生应收未收款 113 000 元				
6	向银行取得的三年期借款 600 000 元				
7	生产产品耗用生产工人工资 120 000 元				
8	企业月末获得投资分红 200 000 元				
9	按月支付的短期借款利息 1 000 元				
10	企业支付的捐赠支出 200 000 元				
11	企业实现的利润总额 91 200 元				
12	企业已销售产品的成本 250 000 元				

项目二任务三 推导会计等式

姓名		班级		复核意见		复核人	
学号		日期				学号	

<table>
<tr><td colspan="6">工作任务完成情况评价</td></tr>
<tr><td rowspan="2">项目</td><td colspan="3">评价标准</td><td colspan="2">学生自评</td><td rowspan="2">小组互评</td></tr>
<tr><td>考核内容</td><td>评分标准</td><td>标准分值</td><td>扣分的知识点、技能点</td><td>得分</td></tr>
<tr><td rowspan="4">知识储备</td><td>填空</td><td>每空1分</td><td>19</td><td></td><td></td><td></td></tr>
<tr><td>单选</td><td>每小题1分</td><td>20</td><td></td><td></td><td></td></tr>
<tr><td>多选</td><td>每小题2分</td><td>14</td><td></td><td></td><td></td></tr>
<tr><td>判断</td><td>每小题1分</td><td>20</td><td></td><td></td><td></td></tr>
<tr><td rowspan="2">技能训练</td><td>计算</td><td></td><td></td><td></td><td></td><td></td></tr>
<tr><td>实训</td><td>每项3分</td><td>27</td><td></td><td></td><td></td></tr>
<tr><td colspan="3">合计</td><td>100</td><td></td><td></td><td></td></tr>
<tr><td>任务总结</td><td colspan="6">□ 完全掌握。个人体会是_____
□ 基本掌握。存在问题是_____
□ 未掌握。主要原因是_____</td></tr>
<tr><td colspan="7">具体工作任务</td></tr>
<tr><td>知识储备</td><td colspan="6">
一、填空题
1._____,_____,_____
2._____,_____,_____,_____,_____
3._____,_____,_____
4._____,_____
5._____,_____,_____,_____
6._____,_____
二、单项选择题
1.　2.　3.　4.　5.　6.　7.　8.　9.　10.
11.　12.　13.　14.　15.　16.　17.　18.　19.　20.
三、多项选择题
1.　2.　3.　4.　5.　6.　7.
四、判断题
1.　2.　3.　4.　5.　6.　7.　8.　9.　10.
11.　12.　13.　14.　15.　16.　17.　18.　19.　20.
</td></tr>
<tr><td>技能训练</td><td colspan="6">五、实训题
（附表2-4）</td></tr>
</table>

附表 2-4　　　　　　　　　　经济业务类型表

经济业务类型	经济业务序号	对会计等式的影响
资产和所有者权益同增		
资产和负债同增		
资产和所有者权益同减		
资产和负债同减		
资产内部有增有减		
所有者权益内部有增有减		
负债内部有增有减		
负债减少，所有者权益增加		
负债增加，所有者权益减少		

项目三任务一 设置会计科目

姓名		班级		复核意见		复核人	
学号		日期				学号	
工作任务完成情况评价							
项目	评价标准			学生自评			小组互评	
	考核内容	评分标准	标准分值	扣分的知识点、技能点		得分	
知识储备	填空	每空0.5分	18				
	单选	每小题1分	13				
	多选	每小题2分	20				
	判断	每小题1分	13				
技能训练	计算						
	实训	每项1分	36				
合计			100				
任务总结	□ 完全掌握。个人体会是_____ □ 基本掌握。存在问题是_____ □ 未掌握。主要原因是_____						
具体工作任务							
知识储备	一、填空题 1. _____，_____，_____ 2. _____，_____，_____，_____，_____ 3. _____，_____，_____，_____，_____ 4. _____，_____，_____，_____，_____ 5. _____，_____，_____，_____ 6. _____，_____ 7. _____，_____ 8. _____，_____，_____ 9. _____，_____，_____ 10. _____，_____ 二、单项选择题 1.　2.　3.　4.　5.　6.　7.　8.　9.　10. 11.　12.　13. 三、多项选择题 1.　2.　3.　4.　5.　6.　7.　8.　9.　10. 四、判断题 1.　2.　3.　4.　5.　6.　7.　8.　9.　10. 11.　12.　13.						
技能训练	五、实训题 (附表3-1)						

附表 3-1　　　　　　　　　确认会计科目

会计要素项目	会计科目	科目类别
存放在银行的款项		
应付给供应商的材料款		
库存的原材料		
尚未缴纳的税金		
销售商品实现的收入		
本月承担的短期借款利息费用		
行政管理部门耗用的水电费		
销售材料实现的收入		
本月实现的利润		
某投资者投入的资本		
销售产品产生的应收款		
车间生产设备、厂房、建筑物		
生产产品耗用材料成本		
公司从利润中提取的盈余公积金		
已销售产品的生产成本		
对外捐赠的支出		
应向投资者支付的利润		
应付给职工的工资		

项目三任务二　设置账户

姓名		班级		复核意见		复核人	
学号		日期				学号	

<table>
<tr><td colspan="7" align="center">工作任务完成情况评价</td></tr>
<tr><td rowspan="2">项目</td><td colspan="3">评价标准</td><td colspan="2">学生自评</td><td rowspan="2">小组互评</td></tr>
<tr><td>考核内容</td><td>评分标准</td><td>标准分值</td><td>扣分的知识点、技能点</td><td>得分</td></tr>
<tr><td rowspan="4">知识储备</td><td>填空</td><td>每空1分</td><td>29</td><td></td><td></td><td></td></tr>
<tr><td>单选</td><td>每小题2分</td><td>16</td><td></td><td></td><td></td></tr>
<tr><td>多选</td><td>每小题3分</td><td>15</td><td></td><td></td><td></td></tr>
<tr><td>判断</td><td>每小题2分</td><td>20</td><td></td><td></td><td></td></tr>
<tr><td rowspan="2">技能训练</td><td>计算</td><td>每项2分</td><td>20</td><td></td><td></td><td></td></tr>
<tr><td>实训</td><td></td><td></td><td></td><td></td><td></td></tr>
<tr><td colspan="3">合计</td><td>100</td><td></td><td></td><td></td></tr>
<tr><td>任务总结</td><td colspan="6">☐ 完全掌握。个人体会是_____
☐ 基本掌握。存在问题是_____
☐ 未掌握。主要原因是_____</td></tr>
<tr><td colspan="7" align="center">具体工作任务</td></tr>
<tr><td>知识储备</td><td colspan="6">一、填空题
　1. _____，_____，_____
　2. _____，_____，_____，_____，_____，_____，_____
　3. _____，_____
　4. _____，_____，_____，_____
　5. _____，_____，_____，_____
　6. _____，_____
　7. ___，_____，_____，_____，_____
　8. _____，_____
二、单项选择题
　1.　2.　3.　4.　5.　6.　7.　8.
三、多项选择题
　1.　2.　3.　4.　5.
四、判断题
　1.　2.　3.　4.　5.　6.　7.　8.　9.　10.</td></tr>
<tr><td>技能训练</td><td colspan="6">五、计算题
（附表3-2）</td></tr>
</table>

附表 3-2　　　　　　　　　有关账户发生额及余额表　　　　　　　　单位：元

账户名称	期初余额	本期增加发生额	本期减少发生额	期末余额
银行存款	332 000	( )	150 000	529 000
库存商品	( )	250 000	200 000	80 000
应收账款	40 000	90 000	( )	10 000
无形资产	100 000	200 000	0	( )
长期借款	500 000	1 000 000	850 000	( )
其他应付款	( )	3 000	2 800	1 500
应付票据	23 000	( )	43 000	7 800
盈余公积	80 000	120 000	( )	66 000
本年利润	190 000	560 000	340 000	( )
生产成本	6 500	( )	276 000	34 800

"银行存款"账户本期增加发生额＝

"库存商品"账户期初余额＝

"应收账款"账户本期减少发生额＝

"无形资产"账户期末余额＝

"长期借款"账户期末余额＝

"其他应付款"账户期初余额＝

"应付票据"账户本期增加发生额＝

"盈余公积"账户本期减少发生额＝

"本年利润"账户期末余额＝

"生产成本"账户本期增加发生额＝

项目四任务一　认知记账方法

姓名		班级		复核意见		复核人	
学号		日期				学号	
工作任务完成情况评价							

项目	评价标准			学生自评		小组互评
	考核内容	评分标准	标准分值	扣分的知识点、技能点	得分	
知识储备	填空	每空 2 分	30			
	单选	每小题 5 分	20			
	多选	每小题 5 分	25			
	判断	每小题 5 分	25			
技能训练	计算					
	实训					
合计			100			
任务总结	□ 完全掌握。个人体会是＿＿＿＿＿＿＿＿＿＿＿＿＿＿＿＿＿＿＿＿＿ □ 基本掌握。存在问题是＿＿＿＿＿＿＿＿＿＿＿＿＿＿＿＿＿＿＿＿＿ □ 未掌握。主要原因是＿＿＿＿＿＿＿＿＿＿＿＿＿＿＿＿＿＿＿＿＿					
具体工作任务						
知识储备	一、填空题 　1. ＿＿＿＿＿，＿＿＿＿＿ 　2. ＿＿＿＿＿ 　3. ＿＿＿＿＿＿＿＿＿，＿＿＿＿＿ 　4. ＿＿＿＿＿＿＿，＿＿＿＿＿＿＿，＿＿＿＿＿＿＿， 　　＿＿＿＿＿ 　5. ＿＿＿＿，＿＿＿＿＿＿＿＿＿＿＿＿＿＿＿＿ 　6. ＿＿＿＿＿＿＿＿，＿＿＿＿＿＿，＿＿＿＿＿＿＿＿ 　7. ＿＿＿＿＿ 二、单项选择题 　1.　　 2.　　 3.　　 4. 三、多项选择题 　1.　　 2.　　 3.　　 4.　　 5. 四、判断题 　1.　　 2.　　 3.　　 4.　　 5.					
技能训练	（无）					

项目四任务二　借贷记账法

姓名		班级		复核意见		复核人学号	
学号		日期					
工作任务完成情况评价							
项目	评价标准			学生自评			小组互评	
	考核内容	评分标准	标准分值	扣分的知识点、技能点		得分	
知识储备	填空	每空1分	20				
	单选	每小题1分	15				
	多选	每小题1分	15				
	判断	每小题1分	20				
技能训练	计算	每步骤1分	10				
	实训	每小题2分	20				
	合计		100				
任务总结	□ 完全掌握。个人体会是_____ □ 基本掌握。存在问题是_____ □ 未掌握。主要原因是_____						
具体工作任务							

知识储备	一、填空题
	1. _____, _____
	2. _____, _____, _____, _____, _____, _____
	3. _____
	4. _____
	5. _____
	6. _____
	7. _____, _____
	8. _____,
	   _____,
	   _____,
	   _____
	9. _____, _____, _____
	二、单项选择题
	1.　　2.　　3.　　4.　　5.　　6.　　7.　　8.　　9.　　10.
	11.　　12.　　13.　　14.　　15.						

续　表

知识储备	三、多项选择题 　1.　　2.　　3.　　4.　　5.　　6.　　7.　　8.　　9.　　10. 　11.　12.　13.　14.　15. 四、判断题 　1.　　2.　　3.　　4.　　5.　　6.　　7.　　8.　　9.　　10. 　11.　12.　13.　14.　15.　16.　17.　18.　19.　20.
技能训练	五、计算题 （附表4-1） 六、实训题 实训一（在作业纸上编制会计分录） 实训二（在作业纸上编制工作底稿，试算平衡表见附表4-2）

注：实训二另作评价。

附表 4-1　　　　　　　　有关账户发生额与余额表　　　　　　　　单位：元

账户名称	期初余额 借方	期初余额 贷方	本期发生额 借方	本期发生额 贷方	期末余额 借方	期末余额 贷方
银行存款	12 350		300 000	238 600	(　　)	
原材料	32 800		(　　)	425 000	87 590	
应收账款	(　　)		100 000	80 000	45 000	
固定资产	1 500 000		230 000	(　　)	1 400 000	
库存现金	320		(　　)	1 210	650	
短期借款		(　　)	50 000	100 000		80 000
应付账款		20 000	35 000	43 000		(　　)
其他应付款		1 000	(　　)	2 000		900
实收资本		1 300 000	500 000	(　　)		1 800 000
生产成本	7 000		150 000	145 000	(　　)	

"银行存款"账户期末余额＝

"原材料"账户本期借方发生额＝

"应收账款"账户期初余额＝

"固定资产"账户本期贷方发生额＝

"库存现金"账户本期借方发生额＝

"短期借款"账户期初余额＝

"应付账款"账户期末余额＝

"其他应付款"账户本期借方发生额＝

"实收资本"账户本期贷方发生额＝

"生产成本"账户期末余额＝

附表 4-2

试 算 平 衡 表

年 月 日　　　　　　　　　　　　　　　　　　　单位：元

科目名称	期初余额		本期发生额		期末余额	
	借方	贷方	借方	贷方	借方	贷方
合计						

会计主管：　　　　　记账：　　　　　复核：　　　　　制表：

项目五任务一 资金筹集业务的核算

姓名		班级		复核意见		复核人	
学号		日期				学号	
工作任务完成情况评价							

项目	评价标准			学生自评		小组互评
	考核内容	评分标准	标准分值	扣分的知识点、技能点	得分	
知识储备	填空	每空2分	38			
	单选	每小题2分	16			
	多选	每小题2分	14			
	判断	每小题2分	18			
技能训练	计算	每小题2分	2			
	实训	每小题2分	12			
合计			100			

任务总结	☐ 完全掌握。个人体会是_____ ☐ 基本掌握。存在问题是_____ ☐ 未掌握。主要原因是_____

具体工作任务

知识储备

一、填空题
1. _____，_____
2. _____，_____，_____，_____
3. _____，_____
4. _____，_____，_____
5. _____，_____，_____，_____
6. _____，_____，_____，_____

二、单项选择题
1.　2.　3.　4.　5.　6.　7.　8.

三、多项选择题
1.　2.　3.　4.　5.　6.　7.

四、判断题
1.　2.　3.　4.　5.　6.　7.　8.　9.

技能训练

五、计算题
该笔借款的月利息额＝
六、实训题
（在作业纸上编制会计分录）

项目五任务二　供应过程业务的核算

姓名		班级		复核意见		复核人	
学号		日期				学号	
工作任务完成情况评价							
项目	评价标准			学生自评			小组互评	
	考核内容	评分标准	标准分值	扣分的知识点、技能点		得分	
知识储备	填空	每空2分	46				
	单选	每小题2分	12				
	多选	每小题4分	16				
	判断	每小题1分	5				
技能训练	计算						
	实训	每项3分	21				
	合计		100				
任务总结	□ 完全掌握。个人体会是＿＿＿＿＿＿＿＿＿＿＿＿＿＿＿＿＿＿＿＿＿＿ □ 基本掌握。存在问题是＿＿＿＿＿＿＿＿＿＿＿＿＿＿＿＿＿＿＿＿＿＿ □ 未掌握。主要原因是＿＿＿＿＿＿＿＿＿＿＿＿＿＿＿＿＿＿＿＿＿＿						
具体工作任务							
知识储备	一、填空题 　1.＿＿＿＿＿，＿＿＿＿＿，＿＿＿＿＿ 　2.＿＿＿＿＿，＿＿＿＿＿，＿＿＿＿＿，＿＿＿＿＿ 　3.＿＿＿＿＿，＿＿＿＿＿，＿＿＿＿＿，＿＿＿＿＿ 　4.＿＿＿＿＿，＿＿＿＿＿，＿＿＿＿＿，＿＿＿＿＿，＿＿＿＿＿ 　5.＿＿＿＿＿，＿＿＿＿＿ 　6.＿＿＿＿＿，＿＿＿＿＿，＿＿＿＿＿，＿＿＿＿＿ 二、单项选择题 　1.　　　2.　　　3.　　　4.　　　5.　　　6. 三、多项选择题 　1.　　　2.　　　3.　　　4. 四、判断题 　1.　　　2.　　　3.　　　4.　　　5.						
技能训练	五、实训题 （在作业纸上编制会计分录）						

项目五任务三　生产过程业务的核算

姓名		班级		复核意见		复核人	
学号		日期				学号	
工作任务完成情况评价							
项目	评价标准			学生自评			小组互评	
	考核内容	评分标准	标准分值	扣分的知识点、技能点		得分	
知识储备	填空	每空1分	28				
	单选	每小题2分	22				
	多选	每小题2分	14				
	判断	每小题2分	14				
技能训练	计算	过程1分，结果1分	2				
	实训	每小题2分 第9题4分	20				
合计			100				
任务总结	□ 完全掌握。个人体会是_____ □ 基本掌握。存在问题是_____ □ 未掌握。主要原因是_____						
具体工作任务							
知识储备	一、填空题 　1. _____，_____，_____， 　　_____，_____。 　2. _____，_____，_____， 　　_____，_____，_____，_____，_____。 　3. _____，_____， 　　_____，_____，_____，_____，_____。 　4. _____，_____，_____。 　5. _____，_____。 二、单项选择题 　1.　2.　3.　4.　5.　6.　7.　8.　9.　10.　11. 三、多项选择题 　1.　2.　3.　4.　5.　6.　7. 四、判断题 　1.　2.　3.　4.　5.　6.　7.						
技能训练	五、计算题 （在作业纸上书写计算过程） 六、实训题 （在作业纸上编制会计分录）						

项目五任务四　销售过程业务的核算

姓名		班级		复核意见		复核人	
学号		日期				学号	

<table>
<tr><td colspan="6" align="center">工作任务完成情况评价</td></tr>
<tr><td rowspan="2">项目</td><td colspan="3">评价标准</td><td colspan="2">学生自评</td><td rowspan="2">小组互评</td></tr>
<tr><td>考核内容</td><td>评分标准</td><td>标准分值</td><td>扣分的知识点、技能点</td><td>得分</td></tr>
<tr><td rowspan="4">知识储备</td><td>填空</td><td>每空 1.5 分</td><td>36</td><td></td><td></td><td></td></tr>
<tr><td>单选</td><td>每小题 2 分</td><td>24</td><td></td><td></td><td></td></tr>
<tr><td>多选</td><td>每小题 2 分</td><td>8</td><td></td><td></td><td></td></tr>
<tr><td>判断</td><td>每小题 2 分</td><td>14</td><td></td><td></td><td></td></tr>
<tr><td rowspan="2">技能训练</td><td>计算</td><td></td><td></td><td></td><td></td><td></td></tr>
<tr><td>实训</td><td>每项 2 分</td><td>18</td><td></td><td></td><td></td></tr>
<tr><td colspan="2" align="center">合计</td><td></td><td>100</td><td></td><td></td><td></td></tr>
<tr><td>任务总结</td><td colspan="6">□ 完全掌握。个人体会是_____
□ 基本掌握。存在问题是_____
□ 未掌握。主要原因是_____</td></tr>
<tr><td colspan="7" align="center">具体工作任务</td></tr>
<tr><td>知识储备</td><td colspan="6">一、填空题
1. _____，_____，_____
2. _____，_____，_____，_____，_____，_____，
　_____，_____
3. _____，_____，_____，_____，_____，_____，
　_____
4. _____，_____，_____，_____，_____，_____
5. _____
6. _____
二、单项选择题
1.　2.　3.　4.　5.　6.　7.　8.　9.　10.　11.　12.
三、多项选择题
1.　2.　3.　4.
四、判断题
1.　2.　3.　4.　5.　6.　7.</td></tr>
<tr><td>技能训练</td><td colspan="6">五、实训题
（在作业纸上编制会计分录）</td></tr>
</table>

项目五任务五 财务成果业务的核算

姓名		班级		复核意见		复核人	
学号		日期				学号	
工作任务完成情况评价							

项目	评价标准			学生自评		小组互评
	考核内容	评分标准	标准分值	扣分的知识点、技能点	得分	
知识储备	填空	每空 0.5 分	19			
	单选	每小题 1 分	10			
	多选	每小题 2 分	24			
	判断	每小题 1 分	13			
技能训练	计算					
	实训	每项 2 分	34			
合计			100			

任务总结	☐ 完全掌握。个人体会是_____ ☐ 基本掌握。存在问题是_____ ☐ 未掌握。主要原因是_____

具体工作任务	

知识储备	一、填空题
	1. _____,_____,_____
	2. _____,_____,_____
	3. _____
	4. _____
	5. _____
	6. _____,_____,
	  _____,_____
	7. _____,_____,
	  _____,_____
	8. _____,_____,_____,_____,
	  _____
	9. _____,_____
	10. _____
	11. _____,_____
	12. _____,_____,_____
	13. _____

续 表

知识 储备	二、单项选择题 　　1.　　2.　　3.　　4.　　5.　　6.　　7.　　8.　　9.　　10. 三、多项选择题 　　1.　　2.　　3.　　4.　　5.　　6.　　7.　　8.　　9.　　10. 　　11.　　12. 四、判断题 　　1.　　2.　　3.　　4.　　5.　　6.　　7.　　8.　　9.　　10. 　　11.　　12.　　13.
技能 训练	五、实训题 （在作业纸上编制会计分录、书写计算过程）

项目六任务一 认知会计凭证

姓名		班级		复核意见		复核人	
学号		日期				学号	
工作任务完成情况评价							

项目	评价标准			学生自评		小组互评
	考核内容	评分标准	标准分值	扣分的知识点、技能点	得分	
知识储备	填空	每空 4 分	28			
	单选	每小题 4.5 分	27			
	多选	每小题 5 分	20			
	判断	每小题 5 分	25			
技能训练	计算					
	实训					
合计			100			
任务总结	☐ 完全掌握。个人体会是_____ ☐ 基本掌握。存在问题是_____ ☐ 未掌握。主要原因是_____					
具体工作任务							
知识储备	一、填空题 　1._____,_____,_____ 　2._____,_____ 　3._____,_____ 二、单项选择题 　1.　　2.　　3.　　4.　　5.　　6. 三、多项选择题 　1.　　2.　　3.　　4. 四、判断题 　1.　　2.　　3.　　4.　　5.					
技能训练	（无）					

项目六任务二　填制和审核原始凭证

姓名		班级		复核意见		复核人	
学号		日期				学号	
工作任务完成情况评价							
项目	评价标准			学生自评			小组互评	
	考核内容	评分标准	标准分值	扣分的知识点、技能点		得分	
知识储备	填空	每空2分	20				
	单选	每小题2分	22				
	多选	每小题2分	16				
	判断	每小题1.5分	12				
技能训练	计算						
	实训	每项3分	30				
	合计		100				
任务总结	□ 完全掌握。个人体会是＿＿＿＿＿＿＿＿＿＿＿＿＿＿＿＿＿＿＿＿＿ □ 基本掌握。存在问题是＿＿＿＿＿＿＿＿＿＿＿＿＿＿＿＿＿＿＿＿＿ □ 未掌握。主要原因是＿＿＿＿＿＿＿＿＿＿＿＿＿＿＿＿＿＿＿＿＿						
具体工作任务							
知识储备	一、填空题 　1. ＿＿＿＿＿＿＿，＿＿＿＿＿＿＿ 　2. ＿＿＿＿＿，＿＿＿＿＿ 　3. ＿＿＿，＿＿＿＿，＿＿＿＿，＿＿＿＿，＿＿＿＿，＿＿＿＿ 二、单项选择题 　1.　2.　3.　4.　5.　6.　7.　8.　9.　10. 　11. 三、多项选择题 　1.　2.　3.　4.　5.　6.　7.　8. 四、判断题 　1.　2.　3.　4.　5.　6.　7.　8.						
技能训练	五、实训题 （附表6-1）						

附表6-1

广东增值税专用发票

此联不作报销、扣税凭证使用　　　　开票日期　　年　月　日

购货单位	名　　　称： 纳税人识别号： 地　址、电　话： 开户行及账号：	密 码 区	（略）			
货物或应税劳务名称	规格型号	单位	数量	单价	金　额	税率	税　额
合　　　计							
价税合计（大写）			（小写）				
销货单位	名　　　称： 纳税人识别号： 地　址、电　话： 开户行及账号：	备 注					

收款人：　　　　复核：　　　　开票人：　　　　销货单位（章）

项目六任务三 填制和审核记账凭证

姓名		班级		复核意见		复核人	
学号		日期				学号	

工作任务完成情况评价							
项目	评价标准			学生自评			小组互评	
^	考核内容	评分标准	标准分值	扣分的知识点、技能点		得分	^
知识储备	填空	每空 1 分	11				
^	单选	每小题 2 分	28				
^	多选	每小题 2.5 分	15				
^	判断	每小题 2 分	16				
技能训练	计算						
^	实训	每项 6 分	30				
合计			100				
任务总结	☐ 完全掌握。个人体会是_____ ☐ 基本掌握。存在问题是_____ ☐ 未掌握。主要原因是_____						

具体工作任务	
知识储备	一、填空题 1. _____，_____，_____，_____ 2. _____，_____ 3. _____，_____，_____，_____，_____ 二、单项选择题 1.　　2.　　3.　　4.　　5.　　6.　　7.　　8. 9.　　10.　　11.　　12.　　13.　　14. 三、多项选择题 1.　　2.　　3.　　4.　　5.　　6. 四、判断题 1.　　2.　　3.　　4.　　5.　　6.　　7.　　8.
技能训练	五、实训题 实训一（附表 6-2 至附表 6-6） 实训二（附表 6-7 至附表 6-13）

注：实训二另作评价。

附表 6-2

收 款 凭 证

借方科目：　　　　　　　　　　　年　月　日　　　　　　　　　　　字第　号

摘　要	贷方科目		√	金　额	附单据
	总账科目	明细科目		千百十万千百十元角分	
合　计					张

会计主管　　　　记账　　　　出纳　　　　复核　　　　制单

附表 6-3

付 款 凭 证

贷方科目：　　　　　　　　　　　年　月　日　　　　　　　　　　　字第　号

摘　要	借方科目		√	金　额	附单据
	总账科目	明细科目		百十万千百十元角分	
合　计					张

会计主管　　　　记账　　　　出纳　　　　复核　　　　制单

附表 6-4

付 款 凭 证

贷方科目：　　　　　　　　　　　年　月　日　　　　　　　　　　　字第　号

摘　要	借方科目		√	金　额	附单据
	总账科目	明细科目		百十万千百十元角分	
合　计					张

会计主管　　　　记账　　　　出纳　　　　复核　　　　制单

附表 6-5

付 款 凭 证
年　月　日

贷方科目：　　　　　　　　　　　　　　　　　　　　　　　　　字第　　号

摘　要	借方科目		√	金　额	附单据
	总账科目	明细科目		百十万千百十元角分	
	合　　计				张

会计主管　　　　记账　　　　出纳　　　　复核　　　　制单

附表 6-6

转 账 凭 证
年　月　日　　　　　　　　　　　　　字第　　号

摘　要	总账科目	明细科目	√	借方金额	贷方金额	附单据
				千百十万千百十元角分	千百十万千百十元角分	
	合　　计					张

会计主管　　　　记账　　　　　　　复核　　　　　　制单

附表 6-7

记 账 凭 证
年　月　日　　　　　　　　　　　　　字第　　号

摘　要	总账科目	明细科目	√	借方金额	√	贷方金额	附单据
				千百十万千百十元角分		千百十万千百十元角分	
	合　　计						张

会计主管　　　　记账　　　　出纳　　　　复核　　　　制单

附表6-8

记 账 凭 证

年　月　日　　　　　　　　　　　　字第　号

摘　要	总账科目	明细科目	√	借方金额 千百十万千百十元角分	√	贷方金额 千百十万千百十元角分
合　计						

附单据　　张

会计主管　　　　记账　　　　　出纳　　　　　复核　　　　　制单

附表6-9

记 账 凭 证

年　月　日　　　　　　　　　　　　字第　号

摘　要	总账科目	明细科目	√	借方金额 千百十万千百十元角分	√	贷方金额 千百十万千百十元角分
合　计						

附单据　　张

会计主管　　　　记账　　　　　出纳　　　　　复核　　　　　制单

附表6-10

记 账 凭 证

年　月　日　　　　　　　　　　　　字第　号

摘　要	总账科目	明细科目	√	借方金额 千百十万千百十元角分	√	贷方金额 千百十万千百十元角分
合　计						

附单据　　张

会计主管　　　　记账　　　　　出纳　　　　　复核　　　　　制单

附表 6-11

记 账 凭 证

年　月　日　　　　　　　　　　　　　字第　　号

摘　要	总账科目	明细科目	√	借方金额 千百十万千百十元角分	√	贷方金额 千百十万千百十元角分	附单据
	合　　计						张

会计主管　　　　记账　　　　出纳　　　　复核　　　　制单

附表 6-12

记 账 凭 证

年　月　日　　　　　　　　　　　　　字第　　号

摘　要	总账科目	明细科目	√	借方金额 千百十万千百十元角分	√	贷方金额 千百十万千百十元角分	附单据
	合　　计						张

会计主管　　　　记账　　　　出纳　　　　复核　　　　制单

附表 6-13

记 账 凭 证

年　月　日　　　　　　　　　　　　　字第　　号

摘　要	总账科目	明细科目	√	借方金额 千百十万千百十元角分	√	贷方金额 千百十万千百十元角分	附单据
	合　　计						张

会计主管　　　　记账　　　　出纳　　　　复核　　　　制单

项目七任务一 认知会计账簿

姓名		班级		复核意见		复核人	
学号		日期				学号	

工作任务完成情况评价						
项目	评价标准			学生自评		小组互评
	考核内容	评分标准	标准分值	扣分的知识点、技能点	得分	
知识储备	填空	每空 0.5 分	17			
	单选	每小题 2 分	20			
	多选	每小题 2.5 分	15			
	判断	每小题 2 分	16			
技能训练	计算					
	实训	每项 1 分	32			
合计			100			

任务总结	□ 完全掌握。个人体会是_____ □ 基本掌握。存在问题是_____ □ 未掌握。主要原因是_____

具体工作任务	
知识储备	一、填空题 1. _____,_____,_____ 2. _____,_____,_____,_____ 3. _____,_____,_____ 4. _____,_____,_____, _____ 5. _____,_____,_____ 6. _____,_____,_____ 7. _____,_____,_____ 8. _____,_____,_____ 9. _____,_____,_____ 10. _____,_____,_____ 11. _____,_____,_____ 二、单项选择题 1. 2. 3. 4. 5. 6. 7. 8. 9. 10. 三、多项选择题 1. 2. 3. 4. 5. 6. 四、判断题 1. 2. 3. 4. 5. 6. 7. 8.
技能训练	五、实训题 （附表 7-1）

附表 7-1　　　　　　　　　　有关账簿建账前的准备

序号	账户(账簿)名称	按用途分类	按外形特征分类	按账页格式分类	
				选择账页格式	理由
1	库存现金总账				
2	库存现金日记账				
3	"原材料"账户				
4	"原材料——zn 晶圆"账户				
5	"生产成本"账户				
6	"生产成本——zn 芯片"账户				
7	"应付账款"账户				
8	"应付账款——上海东方晶圆公司"账户				

项目七任务二　启用、登记会计账簿

姓名		班级		复核意见		复核人	
学号		日期				学号	
工作任务完成情况评价							
项目	评价标准			学生自评		小组互评	
	考核内容	评分标准	标准分值	扣分的知识点、技能点	得分		
知识储备	填空	每空1分	10				
	单选	每小题2分	20				
	多选	每小题2分	12				
	判断	每小题2分	20				
技能训练	计算	每项3分	6				
	实训	每项1分	32				
合计			100				
任务总结	□ 完全掌握。个人体会是＿＿＿＿＿＿＿＿＿＿＿＿＿＿＿＿＿＿＿＿＿＿＿ □ 基本掌握。存在问题是＿＿＿＿＿＿＿＿＿＿＿＿＿＿＿＿＿＿＿＿＿＿＿ □ 未掌握。主要原因是＿＿＿＿＿＿＿＿＿＿＿＿＿＿＿＿＿＿＿＿＿＿＿＿						
具体工作任务							
知识储备	一、填空题 　　1. ＿＿＿＿＿＿＿ 　　2. ＿＿＿＿＿＿＿ 　　3. ＿＿＿＿＿,＿＿＿＿＿＿＿ 　　4. ＿＿＿＿＿,＿＿＿＿＿＿＿,＿＿＿＿＿＿＿ 　　5. ＿＿＿＿＿,＿＿＿＿＿＿＿,＿＿＿＿＿＿＿ 二、单项选择题 　　1.　2.　3.　4.　5.　6.　7.　8.　9.　10. 三、多项选择题 　　1.　2.　3.　4.　5.　6. 四、判断题 　　1.　2.　3.　4.　5.　6.　7.　8.　9.　10.						
技能训练	五、计算题 　　12月20日"过次页"行的本页合计数： 　　借方"过次页"金额＝ 　　贷方"过次页"金额＝ 六、实训题 实训一（附表7-2） 实训二（附表7-3） 实训三（附表7-4、附表7-5） 实训四（附表7-6） 实训五（附表7-7、附表7-8）						

注：实训二、实训三、实训四、实训五另作评价。

附表 7-2

库存现金日记账

年		凭证字号	摘要	对方科目	收入 千百十万千百十元角分	付出 千百十万千百十元角分	结余 千百十万千百十元角分
月	日						

附表 7-3

会计科目　　库存商品

年		会计凭证		摘要	借方 亿千百十万千百十元角分	贷方 亿千百十万千百十元角分	借或贷	余额 亿千百十万千百十元角分
月	日	种类	号数					

附录1　任务工单

附表 7-4

生 产 成 本 明 细 账

订货单位：　　　　　　生产车间：　　　　　　　　　　　　　　　　　　　　　总页　　　　
投产日期：　　年　月　日　完工日期：　　年　月　日　生产批号：　　　　　　　分页　　　　
完成产量：　　　　　　　计划工时：　　　实际工时：　　　产品/部门名称：　　　　
数量：　　　　　规格：　　　　　　　　　　　　　　　　明细科目：　　　　

年		凭证号数	摘要	借方发生额	明　　细　　项　　目		
月	日			千百十万千百十元角分	直接材料 百十万千百十元角分	直接人工 百十万千百十元角分	制造费用 百十万千百十元角分

155

附表7-5

生产成本明细账

总页：_____ 分页：_____

订货单位：_____ 生产车间：_____ 明细科目：_____
投产日期：___年___月___日 完工日期：___年___月___日 生产批号：_____
完成产量：_____ 计划工时：_____ 实际工时：_____ 产品/部门名称：_____ 规格：_____ 数量：_____

年		凭证号数	摘要	借方发生额	明 细 项 目		
月	日			千百十万千百十元角分	直接材料 千百十万千百十元角分	直接人工 千百十万千百十元角分	制造费用 千百十万千百十元角分

附表 7-6

其他应收款——备用金明细账

年	凭证		摘要	户名	借方(借支)									贷方(报销,收回)																				备注
	字	号			十万	万	千	百	十	元	角	分	年		凭证		报销金额								收回金额								
月	日													月	日	字	号	十万	万	千	百	十	元	角	分	十万	万	千	百	十	元	角	分	

附表 7-7

库 存 商 品

编号：　　　　　　页次：
名称：　　　　　　总页：
规格：
类别：

存储地点：　　　　最高存量：　　　　最低存量：　　　　计量单位：

年		凭证		摘要	收入（借方）			发出（贷方）			结存		
月	日	种类	号数		数量	单价	千百十万千百十元角分	数量	单价	千百十万千百十元角分	数量	单价	千百十万千百十元角分

附表 7-8

库 存 商 品

存储地点：　　　　最高存量：　　　　最低存量：　　　　计量单位：　　　　规格：　　　　页次：　　　　总页：
　　　　　　　　　　　　　　　　　　　　　　　　　　　　　　　　　　　　　名称：
　　　　　　　　　　　　　　　　　　　　　　　　　　　　　　　　　　　　　类别：　　　　编号：

年	月	日	凭证 种类	凭证 号数	摘要	收入（借方）									发出（贷方）									结存								
						数量	单价	千	百	十	万	千	百	十	元	角	分	数量	单价	千	百	十	万	千	百	十	元	角	分	数量	单价	千	百	十	万	千	百	十	元	角	分

项目七任务三　对账

姓名		班级		复核意见		复核人	
学号		日期				学号	
工作任务完成情况评价							
项目	评价标准			学生自评			小组互评	
	考核内容	评分标准	标准分值	扣分的知识点、技能点		得分	
知识储备	填空	每空3分	30				
	单选	每小题3分	12				
	多选	每小题5分	15				
	判断	每小题3分	15				
技能训练	计算						
	实训	每项2分	28				
合计			100				
任务总结	☐ 完全掌握。个人体会是_____ ☐ 基本掌握。存在问题是_____ ☐ 未掌握。主要原因是_____						
具体工作任务							
知识储备	一、填空题 1. _____ 2. _____，_____，_____，_____ 3. _____，_____ 4. _____，_____ 5. _____ 二、单项选择题 1.　　2.　　3.　　4. 三、多项选择题 1.　　2.　　3. 四、判断题 1.　　2.　　3.　　4.　　5.						
技能训练	五、实训题 （附表7-9）						

161

附表 7-9　　　　　　　库存商品　账户本期发生额及余额明细表

明细账户	期初余额	本期发生额		期末余额
		借　方	贷　方	
合　计				

项目七任务四　更正错账

姓名		班级		复核意见		复核人	
学号		日期				学号	

<table>
<tr><td colspan="7" align="center">工作任务完成情况评价</td></tr>
<tr><td rowspan="2">项目</td><td colspan="3">评价标准</td><td colspan="2">学生自评</td><td rowspan="2">小组互评</td></tr>
<tr><td>考核内容</td><td>评分标准</td><td>标准分值</td><td>扣分的知识点、技能点</td><td>得分</td></tr>
<tr><td rowspan="4">知识储备</td><td>填空</td><td>每空 2 分</td><td>12</td><td></td><td></td><td></td></tr>
<tr><td>单选</td><td>每小题 3 分</td><td>24</td><td></td><td></td><td></td></tr>
<tr><td>多选</td><td>每小题 3 分</td><td>9</td><td></td><td></td><td></td></tr>
<tr><td>判断</td><td>每小题 3 分</td><td>15</td><td></td><td></td><td></td></tr>
<tr><td rowspan="2">技能训练</td><td>计算</td><td></td><td></td><td></td><td></td><td></td></tr>
<tr><td>实训</td><td>每小题 10 分</td><td>40</td><td></td><td></td><td></td></tr>
<tr><td colspan="2" align="center">合计</td><td></td><td>100</td><td></td><td></td><td></td></tr>
<tr><td>任务总结</td><td colspan="6">□ 完全掌握。个人体会是_____
□ 基本掌握。存在问题是_____
□ 未掌握。主要原因是_____</td></tr>
<tr><td colspan="7" align="center">具体工作任务</td></tr>
<tr><td>知识储备</td><td colspan="6">一、填空题
　1. ＿＿＿＿＿，＿＿＿＿＿，＿＿＿＿＿
　2. ＿＿＿＿＿
　3. ＿＿＿＿＿
　4. ＿＿＿＿＿
二、单项选择题
　1.　　2.　　3.　　4.　　5.　　6.　　7.　　8.
三、多项选择题
　1.　　2.　　3.
四、判断题
　1.　　2.　　3.　　4.　　5.</td></tr>
<tr><td>技能训练</td><td colspan="6">五、实训题</td></tr>
</table>

(1)

借	管理费用	贷		借	银行存款	贷
	200					200

附图 7‑1　账户记录

［分析］
［操作］

(2)

借	制造费用	贷		借	原材料	贷
	300					3 000

附图 7‑2　账户记录

［分析］
［操作］

(3)

借	财务费用	贷		借	银行存款	贷
	5 000					5 000

附图 7‑3　账户记录

［分析］
［操作］

(4)

借	管理费用	贷		借	银行存款	贷
	8 000					8 000

附图 7‑4　账户记录

［分析］
［操作］

项目七任务五　结账

姓名		班级		复核意见		复核人	
学号		日期				学号	

工作任务完成情况评价						
项目	评价标准			学生自评		小组互评
	考核内容	评分标准	标准分值	扣分的知识点、技能点	得分	
知识储备	填空	每空 5 分	20			
	单选	每小题 5 分	15			
	多选	每小题 5 分	10			
	判断	每小题 5 分	25			
技能训练	计算					
	实训	每项 5 分	30			
	合计		100			

任务总结	□ 完全掌握。个人体会是_____ □ 基本掌握。存在问题是_____ □ 未掌握。主要原因是_____

具体工作任务	
知识储备	一、填空题 　1._____ 　2._____ 　3._____，_____ 二、单项选择题 　1.　　2.　　3. 三、多项选择题 　1.　　2. 四、判断题 　1.　　2.　　3.　　4.　　5.
技能训练	五、实训题 （附表 7-2）

165

项目八任务一　计算材料采购成本

姓名		班级		复核意见		复核人	
学号		日期				学号	
工作任务完成情况评价							

项目	评价标准			学生自评		小组互评
	考核内容	评分标准	标准分值	扣分的知识点、技能点	得分	
知识储备	填空	每空2分	58			
	单选	每小题2分	4			
	多选	每小题2分	8			
	判断	每小题3分	9			
技能训练	计算	每项3分	21			
	实训					
合计			100			

任务总结
□ 完全掌握。个人体会是＿＿＿＿＿＿＿＿＿＿＿＿＿＿＿＿＿＿＿＿＿＿＿＿＿
□ 基本掌握。存在问题是＿＿＿＿＿＿＿＿＿＿＿＿＿＿＿＿＿＿＿＿＿＿＿＿＿
□ 未掌握。主要原因是＿＿＿＿＿＿＿＿＿＿＿＿＿＿＿＿＿＿＿＿＿＿＿＿＿＿

具体工作任务

知识储备

一、填空题
1. ＿＿＿＿＿，＿＿＿＿＿＿，＿＿＿＿＿
2. ＿＿＿＿，＿＿＿＿＿＿＿，＿＿＿＿＿＿，＿＿＿＿
3. ＿＿＿＿，＿＿＿＿＿，＿＿＿＿＿＿，＿＿＿＿＿＿＿，＿＿＿＿＿
4. ＿＿＿＿＿＿，＿＿＿＿＿，＿＿＿＿＿
5. ＿＿＿＿，＿＿＿＿，＿＿＿＿＿，＿＿＿＿＿＿，＿＿＿＿＿＿，＿＿＿＿＿
6. ＿＿＿＿＿，＿＿＿＿＿＿，＿＿＿＿＿＿＿，＿＿＿＿＿＿＿，＿＿＿＿
7. ＿＿＿＿＿＿＿，＿＿＿＿＿＿，＿＿＿＿，＿＿＿＿

二、单项选择题
1.　　　2.

三、多项选择题
1.　　　2.　　　3.　　　4.

四、判断题
1.　　　2.　　　3.

技能训练

五、计算题
（在作业纸上书写计算过程）

项目八任务二　计算产品生产成本

姓名		班级		复核意见		复核人	
学号		日期				学号	
工作任务完成情况评价							
项目	评价标准			学生自评			小组互评
	考核内容	评分标准	标准分值	扣分的知识点、技能点		得分	
知识储备	填空	每空 2.5 分	40				
	单选	每小题 2 分	14				
	多选	每小题 2.5 分	15				
	判断	每小题 2 分	6				
技能训练	计算	每项 5 分	25				
	实训						
	合计		100				
任务总结	□ 完全掌握。个人体会是_____ □ 基本掌握。存在问题是_____ □ 未掌握。主要原因是_____						
具体工作任务							
知识储备	一、填空题 1. _____，_____，_____ 2. _____，_____，_____，_____ 3. _____，_____，_____ 4. _____，_____，_____ 5. _____，_____，_____ 二、单项选择题 1.　　2.　　3.　　4.　　5.　　6.　　7. 三、多项选择题 1.　　2.　　3.　　4.　　5.　　6. 四、判断题 1.　　2.　　3.						
技能训练	五、计算题 （在作业纸上书写计算过程）						

项目八任务三　计算产品销售成本

姓名		班级		复核意见		复核人	
学号		日期				学号	
工作任务完成情况评价							
项目	评价标准			学生自评		小组互评	
	考核内容	评分标准	标准分值	扣分的知识点、技能点	得分		
知识储备	填空	每空 10 分	30				
	单选	每小题 5 分	15				
	多选						
	判断	每小题 5 分	15				
技能训练	计算	每项 20 分	40				
	实训						
	合计		100				
任务总结	□ 完全掌握。个人体会是_____ □ 基本掌握。存在问题是_____ □ 未掌握。主要原因是_____						
具体工作任务							
知识储备	一、填空题 　　1._____ 　　2._____，_____ 二、单项选择题 　　1.　　　2.　　　3. 三、判断题 　　1.　　　2.　　　3.						
技能训练	四、计算题 　　xsq 芯片本月已销产品成本＝ 　　zn 芯片本月已销产品成本＝						

项目九任务一 认知财产清查

姓名		班级		复核意见		复核人	
学号		日期				学号	

<table>
<tr><td colspan="7" align="center">工作任务完成情况评价</td></tr>
<tr><td rowspan="2">项目</td><td colspan="3" align="center">评价标准</td><td colspan="2" align="center">学生自评</td><td rowspan="2">小组互评</td></tr>
<tr><td>考核内容</td><td>评分标准</td><td>标准分值</td><td>扣分的知识点、技能点</td><td>得分</td></tr>
<tr><td rowspan="4">知识储备</td><td>填空</td><td>每空2分</td><td>24</td><td></td><td></td><td></td></tr>
<tr><td>单选</td><td>每小题2分</td><td>16</td><td></td><td></td><td></td></tr>
<tr><td>多选</td><td>每小题2分</td><td>16</td><td></td><td></td><td></td></tr>
<tr><td>判断</td><td>每小题2分</td><td>16</td><td></td><td></td><td></td></tr>
<tr><td rowspan="2">技能训练</td><td>计算</td><td>每项4分</td><td>28</td><td></td><td></td><td></td></tr>
<tr><td>实训</td><td></td><td></td><td></td><td></td><td></td></tr>
<tr><td colspan="3" align="center">合计</td><td>100</td><td></td><td></td><td></td></tr>
</table>

任务总结	☐ 完全掌握。个人体会是_____ ☐ 基本掌握。存在问题是_____ ☐ 未掌握。主要原因是_____

<table>
<tr><td colspan="2" align="center">具体工作任务</td></tr>
<tr><td rowspan="2">知识储备</td><td>一、填空题
1. _____，_____，_____，_____，_____
2. _____，_____，_____，_____，_____
3. _____
二、单项选择题
1.　　2.　　3.　　4.　　5.　　6.　　7.　　8.
三、多项选择题
1.　　2.　　3.　　4.　　5.　　6.　　7.　　8.
四、判断题
1.　　2.　　3.　　4.　　5.　　6.　　7.　　8.</td></tr>
<tr><td></td></tr>
<tr><td>技能训练</td><td>五、计算题
（在作业纸上书写计算过程）</td></tr>
</table>

项目九任务二　运用财产清查的方法

姓名		班级		复核意见		复核人	
学号		日期				学号	
工作任务完成情况评价							
项目	评价标准			学生自评		小组互评	
	考核内容	评分标准	标准分值	扣分的知识点、技能点	得分		
知识储备	填空	每空2分	36				
	单选	每小题0.5分	4				
	多选	每小题2分	20				
	判断	每小题0.5分	4				
技能训练	计算						
	实训	每项4分	36				
	合计		100				
任务总结	□ 完全掌握。个人体会是＿＿＿＿＿＿＿＿＿＿＿＿＿＿＿＿＿＿＿＿＿＿＿＿＿＿ □ 基本掌握。存在问题是＿＿＿＿＿＿＿＿＿＿＿＿＿＿＿＿＿＿＿＿＿＿＿＿＿＿ □ 未掌握。主要原因是＿＿＿＿＿＿＿＿＿＿＿＿＿＿＿＿＿＿＿＿＿＿＿＿＿＿＿						
具体工作任务							
知识储备	一、填空题 1. ＿＿＿＿＿＿＿，＿＿＿＿＿＿＿＿＿＿＿＿＿ 2. ＿＿＿＿＿＿＿＿＿＿＿＿＿，＿＿＿＿＿＿，＿＿＿＿＿＿ 3. ＿＿＿＿＿＿＿＿＿＿＿＿＿，＿＿＿＿＿＿ 4. ＿＿＿＿＿＿＿，＿＿＿＿＿＿＿＿＿，＿＿＿＿＿＿ 5. ＿＿＿＿＿＿，＿＿＿＿＿＿＿ 6. ＿＿＿＿＿＿＿＿＿＿＿＿＿ 7. ＿＿＿＿＿＿＿，＿＿＿＿＿＿＿ 8. ＿＿＿＿＿＿＿＿，＿＿＿＿＿＿ 9. ＿＿＿＿＿＿ 二、单项选择题 1.　2.　3.　4.　5.　6.　7.　8. 三、多项选择题 1.　2.　3.　4.　5.　6.　7.　8.　9.　10. 四、判断题 1.　2.　3.　4.　5.　6.　7.　8.						
技能训练	五、实训题 实训一（附表9-1） 实训二（附表9-2）						

注：实训二另作评价。

附表 9-1   银行存款余额调节表
                                     年   月   日   单位：元

项　　目	金　　额	项　　目	金　　额
银行存款日记账余额		银行对账单余额	
加：银行已收、企业未收款		加：企业已收、银行未收款	
减：银行已付、企业未付款		减：企业已付、银行未付款	
调节后余额		调节后余额	

附表 9-2   银行存款余额调节表
                                     年   月   日   单位：元

项　　目	金　　额	项　　目	金　　额
银行存款日记账余额		银行对账单余额	
加：银行已收、企业未收款		加：企业已收、银行未收款	
减：银行已付、企业未付款		减：企业已付、银行未付款	
调节后余额		调节后余额	

项目九任务三 财产清查结果处理

姓名		班级		复核意见		复核人	
学号		日期				学号	

<table>
<tr><td colspan="7">工作任务完成情况评价</td></tr>
<tr><td rowspan="2">项目</td><td colspan="3">评价标准</td><td colspan="2">学生自评</td><td rowspan="2">小组互评</td></tr>
<tr><td>考核内容</td><td>评分标准</td><td>标准分值</td><td>扣分的知识点、技能点</td><td>得分</td></tr>
<tr><td rowspan="4">知识储备</td><td>填空</td><td>每空2分</td><td>40</td><td></td><td></td><td></td></tr>
<tr><td>单选</td><td>每小题2分</td><td>12</td><td></td><td></td><td></td></tr>
<tr><td>多选</td><td>每小题2分</td><td>10</td><td></td><td></td><td></td></tr>
<tr><td>判断</td><td>每小题2分</td><td>14</td><td></td><td></td><td></td></tr>
<tr><td rowspan="2">技能训练</td><td>计算</td><td></td><td></td><td></td><td></td><td></td></tr>
<tr><td>实训</td><td>每项6分</td><td>24</td><td></td><td></td><td></td></tr>
<tr><td colspan="3">合计</td><td>100</td><td></td><td></td><td></td></tr>
<tr><td>任务总结</td><td colspan="6">□ 完全掌握。个人体会是_____
□ 基本掌握。存在问题是_____
□ 未掌握。主要原因是_____</td></tr>
<tr><td colspan="7">具体工作任务</td></tr>
<tr><td>知识储备</td><td colspan="6">
一、填空题
1. _____，_____
2. _____，_____，_____，_____，_____
3. _____
4. _____，_____
5. _____，_____
6. _____
7. _____，_____，_____
8. _____，_____
二、单项选择题
1.　　2.　　3.　　4.　　5.　　6.
三、多项选择题
1.　　2.　　3.　　4.　　5.
四、判断题
1.　　2.　　3.　　4.　　5.　　6.　　7.
</td></tr>
<tr><td>技能训练</td><td colspan="6">五、实训题
实训一(在作业纸上编制会计分录)
实训二(在作业纸上编制会计分录)
实训三(在作业纸上编制会计分录)</td></tr>
</table>

注：实训二、实训三另作评价。

项目十任务一 认知财务报表

姓名		班级		复核意见		复核人	
学号		日期				学号	
工作任务完成情况评价							
项目	评价标准			学生自评		小组互评	
	考核内容	评分标准	标准分值	扣分的知识点、技能点	得分		
知识储备	填空	每空2分	40				
	单选	每小题4分	20				
	多选	每小题4分	20				
	判断	每小题4分	20				
技能训练	计算						
	实训						
合计			100				
任务总结	□ 完全掌握。个人体会是_____ □ 基本掌握。存在问题是_____ □ 未掌握。主要原因是_____						
具体工作任务							
知识储备	一、填空题 1. _____，_____，_____，_____，_____ 2. _____，_____，_____，_____，_____， _____，_____ 3. _____，_____，_____，_____ 4. _____，_____，_____，_____ 5. _____ 二、单项选择题 1. 2. 3. 4. 5. 三、多项选择题 1. 2. 3. 4. 5. 四、判断题 1. 2. 3. 4. 5.						
技能训练	（无）						

项目十任务二　编制资产负债表

姓名 学号		班级 日期		复核意见		复核人 学号	
工作任务完成情况评价							
项目	评价标准			学生自评			小组互评	
	考核内容	评分标准	标准分值	扣分的知识点、技能点		得分	
知识储备	填空	每空1分	18				
	单选	每小题1分	11				
	多选	每小题1分	7				
	判断	每小题1分	8				
技能训练	计算	每小题2分	8				
	实训	每项2分	48				
合计			100				
任务总结	□ 完全掌握。个人体会是_____ □ 基本掌握。存在问题是_____ □ 未掌握。主要原因是_____						
具体工作任务							
知识储备	一、填空题 　1._____ 　2._____ 　3._____,_____,_____ 　4._____,_____,_____,_____ 　5._____,_____,_____ 　6._____ 　7._____ 　8._____ 　9._____ 　10._____ 　11._____ 二、单项选择题 　1.　2.　3.　4.　5.　6.　7.　8.　9.　10.　11. 三、多项选择题 　1.　2.　3.　4.　5.　6.　7. 四、判断题 　1.　2.　3.　4.　5.　6.　7.　8.						
技能训练	五、计算题 （在作业纸上书写计算过程） 六、实训题 （附表10-1）						

附表 10-1　　　　　　　　　　资产负债表

编制单位：　　　　　　　　　　年　月　日　　　　　　　　　　单位：元

资产	期末余额	年初余额	负债和所有者权益	期末余额	年初余额
流动资产：		（略）	流动负债：		（略）
货币资金			短期借款		
交易性金融资产			应付票据		
应收票据			应付账款		
应收账款			预收款项		
预付款项			应付职工薪酬		
应收利息			应交税费		
应收股利			应付利息		
其他应收款			应付股利		
存货			其他应付款		
一年内到期的非流动资产			一年内到期的非流动负债		
其他流动资产			其他流动负债		
流动资产合计			流动负债合计		
非流动资产：			非流动负债：		
长期应收款			长期借款		
长期股权投资			长期应付款		
固定资产			其他非流动负债		
在建工程			非流动负债合计		
无形资产			负债合计		
开发支出			所有者权益（或股东权益）：		
长期待摊费用			实收资本（股本）		
其他非流动资产			资本公积		
非流动资产合计			盈余公积		
			未分配利润		
			所有者权益合计		
资产总计			负债和所有者权益总计		

项目十任务三 编制利润表

姓名		班级		复核意见		复核人	
学号		日期				学号	

<table>
<tr><td colspan="6">工作任务完成情况评价</td></tr>
<tr><td rowspan="2">项目</td><td colspan="3">评价标准</td><td colspan="2">学生自评</td><td rowspan="2">小组互评</td></tr>
<tr><td>考核内容</td><td>评分标准</td><td>标准分值</td><td>扣分的知识点、技能点</td><td>得分</td></tr>
<tr><td rowspan="4">知识储备</td><td>填空</td><td>每空 1 分</td><td>10</td><td></td><td></td><td></td></tr>
<tr><td>单选</td><td>每小题 0.5 分</td><td>4</td><td></td><td></td><td></td></tr>
<tr><td>多选</td><td>每小题 1 分</td><td>10</td><td></td><td></td><td></td></tr>
<tr><td>判断</td><td>每小题 0.5 分</td><td>4</td><td></td><td></td><td></td></tr>
<tr><td rowspan="2">技能训练</td><td>计算</td><td>每步骤 3 分</td><td>12</td><td></td><td></td><td></td></tr>
<tr><td>实训</td><td>每项 4 分</td><td>60</td><td></td><td></td><td></td></tr>
<tr><td colspan="3">合计</td><td>100</td><td></td><td></td><td></td></tr>
</table>

任务总结
□ 完全掌握。个人体会是＿＿＿＿＿＿＿＿＿＿＿＿＿＿＿＿＿＿＿＿＿
□ 基本掌握。存在问题是＿＿＿＿＿＿＿＿＿＿＿＿＿＿＿＿＿＿＿＿＿
□ 未掌握。主要原因是＿＿＿＿＿＿＿＿＿＿＿＿＿＿＿＿＿＿＿＿＿＿

具体工作任务

知识储备

一、填空题
1. ＿＿＿＿＿＿，＿＿＿＿＿＿＿＿＿＿，＿＿＿＿＿＿＿
2. ＿＿＿＿＿＿＿＿＿，＿＿＿＿＿＿＿＿＿，＿＿＿＿＿＿＿
3. ＿＿＿＿＿＿＿＿＿＿＿＿＿＿＿＿＿＿＿＿＿＿＿＿＿＿＿
4. ＿＿＿＿＿＿＿＿＿＿＿＿＿＿＿＿＿＿＿
5. ＿＿＿＿＿＿＿＿＿＿＿＿＿＿＿＿＿＿＿
6. ＿＿＿＿＿＿＿＿＿＿＿＿＿＿＿

二、单项选择题
1.　　2.　　3.　　4.　　5.　　6.　　7.　　8.

三、多项选择题
1.　　2.　　3.　　4.　　5.　　6.　　7.　　8.　　9.　　10.

四、判断题
1.　　2.　　3.　　4.　　5.　　6.　　7.　　8.

技能训练

五、计算题
（在作业纸上书写计算过程）
六、实训题
（附表 10-2）

附表 10 - 2　　　　　　　　　　　利　润　表

编制单位：　　　　　　　　　　　年　　月　　　　　　　　　　　　单位：元

项　目	本期金额	本年累计金额
一、营业收入		（略）
减：营业成本		
税金及附加		
销售费用		
管理费用		
财务费用		
资产减值损失		
信用减值损失		
加：投资收益（损失以"－"号填列）		
资产处置收益（损失以"－"号填列）		
二、营业利润（损失以"－"号填列）		
加：营业外收入		
减：营业外支出		
三、利润总额（损失以"－"号填列）		
减：所得税费用		
四、净利润（损失以"－"号填列）		

项目十一任务一 认知账务处理程序

姓名		班级		复核意见		复核人	
学号		日期				学号	
工作任务完成情况评价							
项目		评价标准			学生自评			小组互评
		考核内容	评分标准	标准分值	扣分的知识点、技能点		得分	
知识储备		填空	每空 4 分	52				
		单选	每小题 3 分	6				
		多选	每小题 6 分	18				
		判断	每小题 4 分	24				
技能训练		计算						
		实训						
		合计		100				
任务总结 || □ 完全掌握。个人体会是_____ □ 基本掌握。存在问题是_____ □ 未掌握。主要原因是_____						
具体工作任务							
知识储备 || 一、填空题 　1._____，_____，_____ 　2._____，_____ 　3._____，_____ 　4._____，_____，_____，_____ 　5._____，_____ 二、单项选择题 　1.　　2. 三、多项选择题 　1.　　2.　　3. 四、判断题 　1.　　2.　　3.　　4.　　5.　　6.						
技能训练 || （无）						

项目十一任务二 记账凭证账务处理程序

姓名		班级		复核意见		复核人	
学号		日期				学号	

<table>
<tr><td colspan="6">工作任务完成情况评价</td></tr>
<tr><td rowspan="2">项目</td><td colspan="3">评价标准</td><td colspan="2">学生自评</td><td rowspan="2">小组互评</td></tr>
<tr><td>考核内容</td><td>评分标准</td><td>标准分值</td><td>扣分的知识点、技能点</td><td>得分</td></tr>
<tr><td rowspan="4">知识储备</td><td>填空</td><td>每空1分</td><td>10</td><td></td><td></td><td></td></tr>
<tr><td>单选</td><td>每小题2分</td><td>8</td><td></td><td></td><td></td></tr>
<tr><td>多选</td><td>每小题4分</td><td>20</td><td></td><td></td><td></td></tr>
<tr><td>判断</td><td>每小题2.5分</td><td>10</td><td></td><td></td><td></td></tr>
<tr><td rowspan="2">技能训练</td><td>计算</td><td></td><td></td><td></td><td></td><td></td></tr>
<tr><td>实训</td><td>每项2分</td><td>52</td><td></td><td></td><td></td></tr>
<tr><td colspan="2">合计</td><td></td><td>100</td><td></td><td></td><td></td></tr>
</table>

任务总结	□ 完全掌握。个人体会是_____ □ 基本掌握。存在问题是_____ □ 未掌握。主要原因是_____

<table>
<tr><td colspan="2">具体工作任务</td></tr>
<tr><td>知识储备</td><td>一、填空题
1. _____ , _____
2. _____
3. _____ , _____ , _____ , _____
4. _____
5. _____ , _____

二、单项选择题
1.　　2.　　3.　　4.
三、多项选择题
1.　　2.　　3.　　4.　　5.
四、判断题
1.　　2.　　3.　　4.</td></tr>
<tr><td>技能训练</td><td>五、实训题
实训一（附表11-1）
实训二（附表11-2）</td></tr>
</table>

注：实训二另作评价。

附表 11-1   会计科目　　银行存款

年		会计凭证		摘要	借方 亿千百十万千百十元角分	贷方 亿千百十万千百十元角分	借或贷	余额 亿千百十万千百十元角分
月	日	种类	号数					

附表 11-2

会计科目　　应收账款

年		会计凭证		摘要	借方	贷方	借或贷	余额
月	日	种类	号数		亿千百十万千百十元角分	亿千百十万千百十元角分		亿千百十万千百十元角分

项目十一任务三 科目汇总表账务处理程序

姓名		班级		复核意见		复核人	
学号		日期				学号	

工作任务完成情况评价						
项目	评价标准			学生自评		小组互评
	考核内容	评分标准	标准分值	扣分的知识点、技能点	得分	
知识储备	填空	每空1分	18			
	单选	每小题1分	7			
	多选	每小题1.5分	12			
	判断	每小题1分	18			
技能训练	计算					
	实训	每项1.5分	45			
合计			100			

任务总结	□ 完全掌握。个人体会是_____ □ 基本掌握。存在问题是_____ □ 未掌握。主要原因是_____

具体工作任务	
知识储备	一、填空题 1. _____，_____，_____ 2. _____，_____ 3. _____，_____，_____ 4. _____ 5. _____，_____ 6. _____，_____，_____，_____ 7. _____，_____，_____ 二、单项选择题 1.　2.　3.　4.　5.　6.　7. 三、多项选择题 1.　2.　3.　4.　5.　6.　7.　8. 四、判断题 1.　2.　3.　4.　5.　6.　7.　8.　9.　10. 11.　12.　13.　14.　15.　16.　17.　18.
技能训练	五、实训题 实训一（附表11-3） 实训二（附表11-4、附表11-5、附表11-6）

注：实训二另作评价。

附表 11-3   会计科目   银行存款

年		会计凭证		摘要	借方	贷方	借或贷	余额
月	日	种类	号数		亿千百十万千百十元角分	亿千百十万千百十元角分		亿千百十万千百十元角分

附表 11-4   科目汇总表   科汇字第　　号
年　月　日　　记账凭证第　　号至第　　号

会计科目	过账	借方	贷方
		亿千百十万千百十元角分	亿千百十万千百十元角分
合　计			

会计主管　　　　记账　　　　复核　　　　制单

附表 11-5

科目汇总表

科汇字第　　号
　年　月　日　　记账凭证第　　号至第　　号

会计科目	过账	借方 亿千百十万千百十元角分	贷方 亿千百十万千百十元角分
合　计			

会计主管　　　　　记账　　　　　复核　　　　　制单

附表 11-6　　　　　会计科目　　应收账款

年		会计凭证		摘要	借方	贷方	借或贷	余额
月	日	种类	号数		亿千百十万千百十元角分	亿千百十万千百十元角分		亿千百十万千百十元角分

项目十一任务四 会计信息化环境下的账务处理流程

姓名		班级		复核意见		复核人	
学号		日期				学号	
工作任务完成情况评价							

项目	评价标准			学生自评		小组互评
	考核内容	评分标准	标准分值	扣分的知识点、技能点	得分	
知识储备	填空	每空 4 分	40			
	单选	每小题 4 分	8			
	多选	每小题 4 分	12			
	判断	每小题 4 分	40			
技能训练	计算					
	实训					
	合计		100			

任务总结	□ 完全掌握。个人体会是_____ □ 基本掌握。存在问题是_____ □ 未掌握。主要原因是_____

具体工作任务	
知识储备	一、填空题 1. _____，_____，_____，_____ 2. _____，_____ 3. _____ 4. _____，_____，_____ 二、单项选择题 1.　　2. 三、多项选择题 1.　　2.　　3. 四、判断题 1.　　2.　　3.　　4.　　5.　　6.　　7.　　8.　　9.　　10.
技能训练	（无）

项目十二任务一 整理和装订会计资料

姓名		班级		复核意见		复核人	
学号		日期				学号	

	工作任务完成情况评价					
项目	评价标准			学生自评		小组互评
	考核内容	评分标准	标准分值	扣分的知识点、技能点	得分	
知识储备	填空	每空 2 分	8			
	单选	每小题 3 分	6			
	多选	每小题 4 分	12			
	判断	每小题 2 分	4			
技能训练	计算					
	实训		70			
合计							

任务总结	☐ 完全掌握。个人体会是_____ ☐ 基本掌握。存在问题是_____ ☐ 未掌握。主要原因是_____

	具体工作任务

知识储备	一、填空题
	  1._____
	  2._____
	  3.____,_____
	二、单项选择题
	  1. 2.
	三、多项选择题
	  1. 2. 3.
	四、判断题
	  1. 2.

技能训练	五、实训题 （整理、装订凭证）

注：整理装订凭证评分标准(凭证整理顺序 15 分；凭证完整性 15 分；凭证折叠整齐度 10 分；凭证封面、封底、封签(包角纸)的规范性 10 分；钻孔 5 分；线装(胶装)牢固程度 10 分；封签骑缝盖章 5 分)。

项目十二任务二　管理会计档案

姓名		班级		复核意见		复核人	
学号		日期				学号	
工作任务完成情况评价							
项目	评价标准			学生自评			小组互评	
	考核内容	评分标准	标准分值	扣分的知识点、技能点		得分	
知识储备	填空	每空 3 分	33				
	单选	每小题 3 分	9				
	多选	每小题 3 分	18				
	判断	每小题 4 分	40				
技能训练	计算						
	实训						
合计			100				
任务总结	□ 完全掌握。个人体会是＿＿＿＿＿＿＿＿＿＿＿＿＿＿＿＿＿＿＿＿＿＿＿＿＿＿＿＿＿ □ 基本掌握。存在问题是＿＿＿＿＿＿＿＿＿＿＿＿＿＿＿＿＿＿＿＿＿＿＿＿＿＿＿＿＿ □ 未掌握。主要原因是＿＿＿＿＿＿＿＿＿＿＿＿＿＿＿＿＿＿＿＿＿＿＿＿＿＿＿＿＿						
具体工作任务							
知识储备	一、填空题 　1.＿＿＿＿＿＿，＿＿＿＿＿＿ 　2.＿＿＿＿＿＿＿＿＿＿＿＿＿＿ 　3.＿＿＿＿＿＿＿＿＿＿＿＿＿＿ 　4.＿＿＿＿＿＿，＿＿＿＿＿，＿＿＿＿＿，＿＿＿＿＿ 　5.＿＿＿＿＿＿＿＿＿＿＿，＿＿＿＿＿＿＿＿＿ 　6.＿＿＿＿＿＿＿＿＿＿＿＿＿ 二、单项选择题 　1.　　　2.　　　3. 三、多项选择题 　1.　　2.　　3.　　4.　　5.　　6. 四、判断题 　1.　2.　3.　4.　5.　6.　7.　8.　9.　10.						
技能训练	（无）						

附录 2 东海公司2024年12月经济业务发生的时间顺序一览表

发生序号	日期	项目五业务序号	发生序号	日期	项目五业务序号
1	12月2日	任务一实训业务(1)	24	12月27日	任务五实训业务(4)
2	12月2日	任务一实训业务(2)	25	12月31日	任务一实训业务(5)
3	12月3日	任务二实训业务(1)	26	12月31日	任务一实训业务(6)
4	12月5日	任务二实训业务(2)	27	12月31日	任务二实训业务(7)
5	12月5日	任务三实训业务(1)	28	12月31日	任务三实训业务(5)
6	12月6日	任务四实训业务(1)	29	12月31日	任务三实训业务(6)
7	12月9日	任务四实训业务(2)	30	12月31日	任务三实训业务(7)
8	12月10日	任务一实训业务(3)	31	12月31日	任务三实训业务(8)
9	12月10日	任务三实训业务(2)	32	12月31日	任务三实训业务(9)
10	12月10日	任务三实训业务(3)	33	12月31日	任务四实训业务(7)
11	12月10日	任务四实训业务(3)	34	12月31日	任务四实训业务(8)
12	12月10日	任务四实训业务(4)	35	12月31日	任务四实训业务(9)
13	12月16日	任务一实训业务(4)	36	12月31日	任务五实训业务(5)
14	12月17日	任务四实训业务(5)	37	12月31日	任务五实训业务(6)
15	12月18日	任务二实训业务(3)	38	12月31日	任务五实训业务(7)
16	12月18日	任务五实训业务(1)	39	12月31日	任务五实训业务(8)
17	12月20日	任务二实训业务(4)	40	12月31日	任务五实训业务(9)
18	12月20日	任务三实训业务(4)	41	12月31日	任务五实训业务(10)
19	12月23日	任务四实训业务(6)	42	12月31日	任务五实训业务(11)
20	12月24日	任务二实训业务(5)	43	12月31日	任务五实训业务(12)
21	12月25日	任务五实训业务(2)	44	12月31日	任务五实训业务(13)
22	12月26日	任务五实训业务(3)	45	12月31日	任务五实训业务(14)
23	12月27日	任务二实训业务(6)			